正しいコピペのすすめ

——模倣、創造、著作権と私たち

宮武久佳 著

ア新書 849

はじめに――価値あるものはコピーに乗って

大教室の授業で学生に課題レポートを書かせると、必ず何人かが「コピペ」して提出してきます。インターネットで見つけてきた文章や図表を、自分のワープロ文書にそっくり貼り付けるのですね。ばれないと思っているのが可愛いところですが、ばれます。悪質な場合、ゼロ点になります。「コピペ」とは、コピー・アンド・ペーストの略で、文章や写真、図表を「コピーして」、自分のレポートや文章などに「貼り付ける」(ペーストする)行為です。

今の時代、学生は、課題が与えられれば、ネットでキーワード検索して手がかりを探します。しかし、教員に読ませる文章にネットから拝借した文章や画像を露骨にコピペして提出するのは、一体どういう神経でしょうか。調べたことをまとめ、自分の考えを書くのが課題なのに、取り組む姿勢を放棄しているようなものです。これでは、課題の意義がありません。コピペを指摘すると、彼らは「みんなやってるし」と言い訳します。

確かに、ネット上ではコピペが横行しています。他人の文章を無断で自分のサイトやページにコピペして、あたかも自分で書いたように発信しているケースをよく目にします。こんな情報環境で育つ学生なら「みんなやってるし」と言うのも無理はありません。

堂々たるコピペで作られた学生のレポートを前にして、私は考え込みます。現実をみると、今や誰もがコピペする環境にあるからです。会社勤めの社会人は毎日、文書を書き、プレゼン資料を作ります。ネットで探してきた素材や受信したメールからコピーして、自分のワープロ文書やパワポ資料に貼り付けます。日々の暮らしの中でも、ネットやソーシャルメディアが身近になった今、スマートフォンには他人が作ったコンテンツ(写真やテキスト)が入ってきます。それを自分の文章にそのまま取り入れたりすることもコピペです。

しかし、ちょっと待ってください。コピペした場合、あなたが作った文書などのコンテンツが、あなた以外の人の目に触れる時に問題になる可能性があります。著作権侵害になるかもしれません。

ネットで調べ、ワープロやスマホで文章を書く時代にはルール上、「許されるコピペ」と「許されないコピペ」があります。「許されるコピペ」「正しいコピペ」とは何かを考えるのが本書のテーマです。「正しいコピペ」に必要なのが著作権の知識です。著作権のことを英語で「コピーライトcopyright」と呼びます。コピー(copy)に関する権利(right)という意味です。著作権を学ぶことで、正しいコピペのあり方を考えましょう。

ところで、複製(コピー)されたものを通して、私たちは現実や歴史を知ります。エジプトのピラミッドや《モナ・リザ》はたいていの場合、教科書の写真で知ります。ビートルズやレディ・ガガの音楽も、生の演奏でなく、映像や音楽CDというコピーされたもので知ります。映画スターやスポーツ選手の姿も、最初はネットやテレビ映像、つまりコピーで知ります。それから、実物に触れます。いえ、実物に接しないまま、コピーを見たり聞いたりするだけで、そのままになることの方が多いのではないでしょうか。

別の見方をすると、「有名なもの」「価値のあるもの」「ニュースになるような目新しいもの」は、遠くにあっても、古くても、コピーという「乗り物」に乗ってやって来ます。どうやら、私たちは、コピーなしでは生きていけなそうです。

だからと言って、身の回りのものをなんでもコピーしてよいかと言ったら、それは別の問題です。無断のコピーが許されない場合があります。これを定めたのが著作権ルールです。コピーという「乗り物」でやって来る音楽、絵画、写真、動画、詩、小説などの「コンテンツ」は、私たちの心を豊かにします。それなのに、私たちは、コンテンツを作る人の「苦労」や「コスト」になかなか注意が行きません。スマホがあると、ワンタッチ操作でコンテンツをダウンロードでき、加工したり、送信したりできます。あまりに便利なので、作った人の気持ちや苦労を思いやる余裕がなくなってしまっているのでしょうか。

人が作ったものを使う場合は、許可を得た上で、対価を支払ったり、「ありがとう」と敬意(リスペクト)を表したりするのが、社会人の基本です。コンテンツを作る人は、リスペクトを受け、対価を得ることで新たな創作活動に向かいます。コピペすることで利益だけを得てコストを負担しないフリーライド(ただ乗り)に対して「待った」をかけるのが著作権ルールです。

「11人で」「ゴールキーパー以外は手を使わない」というサッカーのルールは誰でも知っています。著作権ルールもそんなに難しくありません。「他人の作品は、無断で使ってはダメ」「会社で買ったワープロソフトをコピーして職場で使い回してはダメ」など、多くの人が常識として認識しているものばかりです。

しかし、教わらないと分からないサッカーの「オフサイド」のように、著作権の世界でも、習わないと分からないルールがあります。オフサイドを知らないと正式のサッカーができないように、著作権の基本ルールを知らないと社会生活を送る上で思わぬ不都合が起きるかもしれません。


日本の著作権制度には120年ほどの歴史がありますが、当初から今まで基本的な考え方はあまり変わっていません。しかし、その間「コピー」をめぐる情報技術が激変しました。著作権が作られたときはテレビもラジオもデジカメもありませんでしたが、今や小学生がスマホで映像を発信する時代です。

私の学生時代は、コピー機は珍しく、手書きで写すしかありませんでした。先生の言うことを一所懸命ノートに書き取りました。しかし、今ではメモを取る代わりに、スマホで黒板を撮影する学生が出始めました。それがよいかどうかは議論があるところですが、今後も新たな情報技術のおかげで人間とコピー(複製)との関係も大きく変化するでしょう。そうなると、著作権制度そのものを見直す必要が出てくるかもしれません。

本書では、コピーやコピペがあふれる社会と著作権について、基本的な部分を平易に説明しました。併せて、「模倣《もほう》」と「創造」の関係についてページを割きました。著作権制度はルールに過ぎません。大切なことは、ルールに違反せずに「いかに創造的《クリエーティブ》な仕事をするか」です。

「コピー」という言葉の意味をかなり広めに取りました。複製、複写、類似するものを作ること、模倣、真似すること、レプリカなどの意味を含んでいます。

私は、大学の教員になるまでの25年間、報道の世界にいました。記者の仕事は、著作権と密接な関係にあります。他人が言ったこと、他人が作った文書や画像、映像を拝借(コピー)しながら、独自の記事を書き、ニュースに仕立てます。その後、ニュースは世界を駆け巡りますが、ニュースは多くの人にコピーされる運命にあります。「コピーし、コピーされる」立場にいる典型的な存在がジャーナリストだと思います。私のコピーに対する問題意識は、ここからスタートしました。

記者は現場で起きていることを分かりやすく記述することが求められます。本書の執筆に際し、何よりも、分かりやすさを心がけました。1人でも多くの人が、著作権ルールを生活の一部として捉え、新しい時代の「模倣と創造」を考えるヒントを発見していただければと願います。

目　次

目　次

第1章

コピーする日常

作る人と使う人

結婚式の披露宴やパーティーは楽しいですね。新しいカップルの門出を皆で祝うのは喜びです。テーブルに並ぶごちそうも楽しみです。

宴が盛り上がってくると、新郎新婦の友人が余興で流行《はやり》のウエディングソングを歌います。会場全体が大合唱となることがあります。

何と楽しいひとときでしょう。

ここで質問です。これらのウエディングソング、一体誰が作ったのでしょうか。

スピーチにも著作権

見た目にもきれいなごちそうには料理人の手間と工夫が入っています。音楽も同じです。音楽は必ず誰かが苦労して作ります。食事で胃袋が満たされるように、音楽で心が満たされます。ごちそうや飲み物を作った人がいるように、音楽も誰かが作ったはずです。

音楽は目に見えず、音が鳴ると同時に消えていきます。このため、音楽を作った人や、音楽にお金を払うことが理解されにくいかもしれません。しかし、音楽を作る人は、ローストビーフやケーキを作る人、スーツや自動車を作る人と同じように、時間をかけ苦労して曲を世に出します。作った歌が使われたら、仕事の対価としてお金を受け取る権利があります。この権利が著作権です。料理やスーツが無料でないように、音楽も無料ではありません。音楽を作った人は、報酬を得ることができます。使う人から感謝や励ましの言葉を聞きたいと思うかもしれません。

音楽以外にも、披露宴やパーティーではいろんな行為が著作権に関係します。

例えば、ウエディングケーキに新郎新婦が手を取ってナイフを入れる瞬間を思い描いてください。この時、大勢の人がカメラを持って取り囲みます。この写真撮影には、著作権が関わります。皆さんのような撮影者が著作権を持つことになります。

披露宴では、カップルのなれそめやそれぞれの子供のころや学校時代のことが写真や動画とともに紹介されます。遠足や学芸会の写真には、必ず撮影した人がいます。この写真や映像にも著作権があります。本来なら撮影者の許可がないとパーティー会場で上映できません。

披露宴にはゲストの祝辞や友人のスピーチがつきもの。カップルの感動的な話にもらい泣きしたり、思わぬ秘話に大笑いしたりします。カップルをよく知る人による挨拶やスピーチも、原稿があってもなくても、著作権の対象となります。

また、あまり意識されませんが、披露宴やパーティーの最中は、小さな音でずっとBGMが流れています。これも著作権の対象であるかもしれません。結婚パーティーでこれだけ著作権が登場するのですから、ふだんの生活にはもっと著作権が関係してきそうです。

起きてから寝るまで

日々の暮らしを考えてみましょう。

皆さんは、朝起きてベッドで、スマートフォンでメールをチェックしませんか。友人とLINEやフェイスブックで情報を交換しませんか。朝食のテーブルでもスマホを気にしながらテレビを見たり、新聞を眺めたりすると思います。通学や通勤の途中で、さまざまな広告やポスターを目にします。気になったものがあれば写真を撮るかもしれません。

授業では、先生がプリントやさまざまな印刷物を教材として配ります。授業中に当てられて、教科書の中の小説や詩をはじめ、さまざまな文章を音読しますよね。課外活動のブラスバンド部や合唱部では楽譜を使います。友人とマンガや雑誌を回し読みします。自分たちの本や雑誌をコンビニでコピーすることもあります。時々、テレビアニメを録画したディスクを仲間うちで交換します。

家で宿題をするときに、ウェブサイトから記事や写真をコピーし、自分の宿題に貼り付けます。ネットで動画やドラマ、映画を観ます。通学や通勤の電車の中でダウンロードした音楽を聴きます。テレビドラマを見たり、録画したりします。映画やコンサート、ライブに行きます。音楽に合わせて友だちと振り付きで歌い、それをスマホで撮影したりします。カラオケボックスで流行の歌を練習することもあります。

フェイスブックに他人が撮った写真を載せたり、電子メールやツイッターで他人の文章をそのまま転送したりします。会社勤めの人なら、たいていの人は新聞記事をコピー機でコピーした経験を持っていると思います。

さて、右のような行為はごく普通の人が日常的にやっていることですが、ほとんどが著作権に関係します。もしかしたら、他人の著作権を侵害するという不正な行為に知らないうちに手を染めているかもしれません。

写真、文章、音楽、イラスト、映像など、私たちの日々の暮らしには「コンテンツ」と呼ばれる何らかの意味を持った作品やデータ、素材があふれており、私たちはこれらを使いながら生きています。単に、見たり聞いたり読んだりするだけの場合が多いと思います。時には、コピー機で複写したり、スマホやデジカメで写真撮影します。ある時は、ネットからダウンロードして宿題や夏休みの課題に使ったり、図書館で借りてきた本や音楽CDをコピーします。この時に「これって良いのかな」と迷ったり、悩んだりしませんか。さあ、皆さんはこの時、著作権を考える入り口に立ちました。

著作権はごく普通の生徒や学生、主婦、社会人の仕事や日常生活に密接に関係があります。結婚パーティーの例で示しましたが、実は私たちが食事をとるように、著作権は身近な存在なのです。

レストランで記念撮影

皆さんはレストランで、お店の人にグループ写真を撮ってもらったことはありませんか。

楽しい食事が終わり、満ち足りた気分で撮影を依頼するわけです。自分の携帯電話やスマホを差し出して「これで」とお願いします。店員さんと次のようなやりとりをしませんか。「もうちょっと中央に寄ってもらえますか」「笑顔で。はいチーズ」「念のため、もう一度、お願いできますか」。場合によっては、「あ、このカメラでもお願い」などと言って、結局、人数分のスマホが店員に手渡されたりします。

さて、このグループで撮った写真の著作権は誰のものでしょうか？

「著作権とは何か」「誰が著作権を持つか」について、人に説明するときに、私はよくこの問題を例に出します。

正解は、「撮影した店員」です。

店員はシャッター(スマホのボタン)を押すときに、照明の具合や位置、アングル(角度)を気にかけます。気の利いた店員なら「もっと中央に集まって」「笑顔で」とお客に指示するし、ファインダー(スマホのディスプレー)を見ながら、撮影の合図を被写体に知らせたりもします。

カメラを渡された時に、何も考えずにボタンを押す人がいるでしょうか。どんな人でも

「より良い写真」を考えながらシャッターを押すのではありませんか。つまり、店員の創意工夫が必ず入ります。著作権法では「創作的な表現」を大事にします。店員の創意工夫は「創作的な表現」につながるのではないでしょうか。したがって、著作権は、より良い写真を撮影しようと工夫してスマホのボタンやシャッターを押した店員が持つことになります。

ソーシャルメディア時代に

店員が著作権を持つことが分かりました。

次の質問です。「では、撮ってもらった写真を自由にソーシャルメディアに掲載してよいのでしょうか」

答えは「ノー」です。撮影者の店員が著作権を持つのだから、撮影をした店員に断ることなく、写真をフェイスブックやインスタグラムで公開することはできません。

いくら、スマホが客のものであり、被写体が客であっても、写真という「作品」を創意工夫して作ったのが店員である以上、著作権は店員のものです。だから、スマホの中に収まった写真を、お客が自由に使うことはできません。確かにスマホは「あなたのもの」ですが、写真の著作権は「店員のもの」です。これ以外に、写っている人の顔や姿についての「肖像権」の問題があります。これについては「あなたの肖像権」(83ページ)で説明します。

写真をフェイスブックやブログに無断でアップすることは、店員が持つ著作権を侵害することになります。法律上は、撮影してもらった写真をプリントアウトする権利も店員が持つことになります。

この話を授業で「店員に断りなく、SNSにアップロードすることは違反することになるかもしれない」と学生に説明すると、学生は急に真顔になります。「身に覚えがある行為」だからでしょう。

しかし、毎日必ず、どこかの飲食店で、店員によるお客の写真撮影が行われているのに、店と客との間でもめたり、言い争いになったりしているケースを聞いたことがありません。第1の理由は、店員もお客も双方が著作権についてよく知らないため、争いにならないのでしょう。

第2に、レストラン従業員とお客との関係からすれば、はっきりした約束こそしないだけで、「撮影した写真は、お客さんが自由にお使いください。私は、権利を主張しませんから」

と暗黙の合意が形成されているとも考えられます。

どうでしょうか、だんだん著作権というものの実体に気付いてきたのではありませんか。

ここで、「コンテンツを作り出す人が王様(キング)であって、キングは力を持つ」と覚えておいてください。このレストランでの写真撮影の場合、店員がキングなのですね。

「コピーした？ 捕まりますよ」

次に私たちに身近な新聞記事について考えてみましょう。新聞はこのごろは、紙で読むよりはスマホやタブレットで読む人が多いのですが、紙媒体であっても、オンライン上であっても、新聞や雑誌の記事や写真には著作権があります。そして記事はよくコピーされます。

訪問先の企業や団体で、新聞記事が無断でコピーされて回覧されている光景を目にすることがあります。社長インタビューや新製品発表、あるいは不祥事の記者会見など、大きな企業ほど、毎日届く多数の新聞や雑誌を丹念に調べて、自社と関係のありそうな記事をコピーし、関係部署に配布したり、社内メールで送ったりしています。

この光景を見て、私はその会社の人に「記事には著作権がありますよ。無断コピーは法律違反。捕まりますよ」と冗談を言います。そうすると「え？　記事に著作権はないでしょ。記事は公共のものではないのですか」という答えが返ってきます。「ウェブで無料のニュースがあるではありませんか」と言われたりします。

先ほどの、ウエディングソングを作った人の場合や、レストランの店員が撮影する場合と同じです。記事には、書いた人（記者）の創意工夫が盛り込まれています。皆さんも、作文したり、レポートを書くときに、「書き出しはどうしようか」「背景説明はどこで入れようか」「何のデータを記載しようか」など、あれこれ悩んだり、場合によってはうんうん苦しみながら、書きますよね。

新聞記者も同じです。新聞記事というコンテンツについて言えば、キングは記者であり、その記者が属している新聞社です（作文やレポートの場合で言えば、皆さんがキングです）。「記者は国民の知る権利に奉仕しているのだから、記者が書く記事は公共のものだ」「ウェブサイト上に出ているのだから、無断で使ってよい」というのは、別の理屈です。

コピーする際には、後述する例外的な場合（例えば、皆さんが「私的に」自分自身のためにコピーする場合）を除けば、新聞に盛り込まれた記事や写真には著作権があると考えていいでしょう。

記事を違法にコピーしたら捕まるのでしょうか？　安心してください。悪質なことをしないかぎり、通常は刑事事件になることはありません。事件となるためには、被害を受けた人（この場合、記者、または記者の勤務先の新聞社）が警察に届け出をしないと違反の手続きが実施されません（著作権の侵害罪は「親告罪《しんこくざい》」と呼ばれ、被害を受けた人が告訴しないと侵害した人を処罰できません）。なので、社内で無断コピーしていることを知った記者または新聞社が訴えない限り、刑事責任が問われることもありません（私は、だからコピーして良いですよと言っていません。違反は違反です）。

他方で、新聞記事を、自分の個人的な（私的な）使用で用いる場合は「著作物の私的使用」として扱われるので、著作権の侵害に問われることはありません。このことは第2章（53ページ）で述べることにします。

私が「（記事をコピーすると）逮捕されますよ」と冗談を言うのには理由があります。どんな形であれ、他人の文章や写真を扱う人には「コンテンツは必ず誰かが苦労して作った」ことを知ってほしいからです。

番組録画と著作権

さて次も、皆さんの多くに関わるテレビ番組の話です。番組を録画して、後で観ることがありませんか。録画というのは、番組をコピーすることに他なりません。著作権に関わりそうです。

自宅で録画したものを、自分の都合のよい時間に、家の中で再生して観ることは、何の問題もありません。先ほどの新聞記事をコピー機で複製して自分だけが個人的に見るときに問題がない、と言いましたが、これと同じです。「私的使用」と言います(この言葉、著作権のキーワードなので覚えておいてください)。私的使用目的の番組録画には問題がありません。

しかし、DVDやブルーレイディスクに私的な目的で録画したものを、会社の企画会議で使うことには注意が必要です。市民センターや福祉施設のロビーで再生することもできません。いずれも私的な使用の目的から外れるからです。

「え？　テレビ放送って誰もが観ようと思えば観られるから、著作権はないんじゃないの」「どんな人だって簡単に録画できるのだし」と思う人がいるかもしれませんね。しかし、思い出してください。作った人(キング)がいる以上、作った人の許可を得ないまま、配布したり、ネットにアップするような社会的な広がりが出てくると、私的使用とはみなされません。

ましてや、録画した番組が収まったDVDをネットのオークション販売に出品することは「もってのほか」です。テレビ局やプロダクション会社などが苦労して作った番組を、横流ししてお金をもうけることと同じです。時々、違反者が逮捕され、事件として報道されます。

ここで少しだけ、自由にコピーができる場合について話しておきます(詳しくは、第2章52ページを見てください)。まずは、今のテレビ番組のケースのように、自分で録画して、家庭内で観ること、つまり「個人的に楽しむため」には問題がありません。「私的使用」だからです。また、コピーしたり、複製を作るのが学校の授業の一環である場合、つまり、「学校の勉強をするため」の場合も問題がありません。

皆さんは宿題や夏休みの課題を仕上げるのに、インターネットから得た文章や写真、イラストなどの素材をコピーしていませんか。学校や自宅のパソコンやタブレットを使って、ダウンロードしたり、プリントアウトするという程度の学習のためであれば、問題はありません。

「作る人」は偉い

皆さんの中には、将来は、アーティストや物書きとして、あるいは建築家として活躍する人がいると思います。論文をたくさん書いてすぐれた研究者になろうとする人もいるはずです。あるいは映画監督やジャーナリストになりたいと思っていませんか。アップル社の故スティーブ・ジョブズのように「人のハートをわしづかみ」にするプレゼンテーションの達人になることを夢みているかもしれませんね。

メールを書いたり、写真を撮影したりすることはほとんどの人が実行しています。また、多くの人がフェイスブックなどSNSでつながっている時代です。気軽に投稿できるSNSへの書き込みやSNSから得た情報の転送は著作権との関係がありそうです。

ここで著作権の守備範囲を考える手がかりをいくつか見ていきましょう。著作権が扱う世界を大づかみで理解してほしいと思います。第2章では、音楽や美術、文芸、学問などの作品や素材(コンテンツ)の「使い方」のルールである著作権について学びますが、ここでは、「作った人は誰か」を気に掛ける習慣を身につけてほしいと思います。食べ物や飲み物を作った人がいるように、音楽や小説、研究論文、建築などには必ず誰か「作った人」がいるはずです。「作る人」「作った人」のことを気に掛けてほしいのです。「作る人は偉《えら》い」というフレーズ、私は気に入っており、日常生活でも割とよく使っています。

ゴッホの「ひまわり」を絵葉書に

ここまで見てきたように、著作権は、私たちの日常生活のいろんな分野に関わっていることが分かりました。他人事《ひとごと》ではなくなったと感じる人も多いのではないでしょうか。次に、どんな場面に著作権が顔を出すのか、列挙してみました。次の章への「橋渡し」として眺めてみてください。

(A)写真館で撮ってもらった卒業式や成人式、家族の記念写真を年賀状や案内状に使う。(▼42ページ)

(B)印刷会社に「レストラン開店のチラシ」を作ってもらった。なくなりそうになったので、コンビニでカラーコピーした。(▼42ページ)

(C)高校のブラスバンド部で、楽譜を皆でコピーする。(▼88ページ)
(D)図書館で借りた音楽CDをパソコンに録音(コピー)する。(▼62ページ)
(E)DVDのプロテクトを外してパソコンに取り入れた(コピーした)。(▼62ページ)
(F)ネット上の動画投稿サイトにテレビ番組がアップされている。良いのだろうか。(▼33ページ)
(G)旅行先のオランダの美術館で撮影したゴッホの「ひまわり」を絵葉書にする。(▼48ページ)
(H)修学旅行で撮った金閣寺の写真を卒業アルバムに使う。(▼82ページ)
(I)音楽の先生と一緒に作ったスクールソングを卒業20周年で音楽CDにする。(▼76ページ)
(J)歌手になりたい。路上で、ギターを演奏して流行のポップスを歌っている。(▼59ページ)
(K)ママ友の集まり(8人)で子供がアイドルの歌を振り付きで歌う。(▼33ページ)
(L)美術の課題で母の肖像を描いた。先生が勝手に校舎の玄関に飾った。(▼35ページ)

(M)レストランに行った。料理を写真に撮ろうとすると店員に遠回しに「撮影お断り」を言われた。（▼80ページ）

これらは皆、著作権などに関係する行為です。括弧の中の数字はそれぞれが扱われるページです（答えも用意されています）。このような身近な事例を通じて、著作権とはどんなものか、見ていきましょう。

第2章

コピーのルールとは

著作権早分かり

仮にあなたは小説家だとします。ある日、見ず知らずの人が自分の作品をコピーし、海外で販売していることが分かりました。書き上げるのに5年かかった小説の「海賊版」が出回っているようなのです。さあ、どうしますか?

「自分のものなのに、ひどい」「盗まれた」と抗議したくなるのではないでしょうか。こういうことが起きないように著作物を保護するのが著作権です。

「赤信号では止まる」「横断歩道では歩行者優先」など交通ルールは誰もが知っています。しかし、「傘をさして自転車に乗る」「通行人相手に車のクラクションを鳴らす」ことが罰金を伴う交通違反になることはそれほど知られていません。自分が思う常識や推測が間違っているかもしれません。きちんと教わらないと、ルール違反かどうかは、推測しにくい面があります。

著作権も同じです。「他人が描いたイラストを無断でポスターに使ってはダメ」「テレビ番組を録画して販売することはまずい」。このぐらいのことは、ほとんどの人が理解していると思います。しかし、「子供が描いた絵を親が無断で展覧会に出したら、著作権侵害になるか」「写真館で撮ってもらったパスポート写真に著作権はあるか」「そもそも、どうすれば著作権が得られるのか」などについてはきちんと説明できる人は案外少ないものです。

本章では「著作権とは何か」について、その基本ルールについて学びましょう。

著作権とは

著作権の対象となるコンテンツや作品(法的にはこれらを「著作物」と言います)についてのさまざまな制度やルールを定めているのが著作権法という法律です。この法の目的は「文化の発展に寄与する」ことと明記されています(著作権法第1条)。同時に、ルールを定めて、「著作物」を生み出した人の権利を保護することも法律の目的です。

誰かが努力して素晴らしいコンテンツ(絵や音楽、映像など)を作っても「他の人が無断で使ってしまう」状況があれば、ばかばかしくなって誰もコンテンツを作らなくなってしまいます。著作権の制度とは、「がんばって作ったコンテンツを、他人に勝手に使われないように、国が保護してくれる」制度と理解してよいでしょう。

しかし、著作権法が「文化の発展への寄与」という時、それは「個々の人の利益のため」ではなく、「社会全体(公共性)のため」を意味することに注意が必要です。「コンテンツを作る人の利益」と「公共の利益」とのバランスを考えた上で、「公正な利用」つまり、公共性が優先される場合がある、というのが著作権法の精神でもあります。

では、著作物とは具体的に何でしょうか。著作権法によると、著作物とは「思想または感情」を「創作的に表現」したものであって「文芸、学術、美術または音楽の範囲に属するもの」と規定し、次のように著作物を例示しています。

① 小説、脚本、論文、講演など言語の著作物。短歌や和歌、俳句など詩歌も含みます。

② 音楽の著作物(詩と曲)。作られた曲が対象です。指揮者や歌手など実際に演奏する「実演家」は曲を作ったわけではないので著作権を持ちません。しかし、「著作隣接権《りんせつけん》」という実演家に与えられる権利を持ちます(50ページで説明します)。

③ 舞踊(ダンス)や無言劇(パントマイム)の著作物。「振り」を考案した人が権利を持ちます。ダンサーなど演じる人は実演家です。演奏家の場合と同じように、著作隣接権を持ち

ます。

④　絵画、版画、彫刻、マンガ、イラストなど美術の著作物。

⑤　建築の著作物。ただし、外観がアート性の強い建物に限ります（普通の民家やマンションは対象となりません）。

⑥　地図や図面や図表の著作物。

⑦　映画の著作物。テレビドラマやコマーシャル映像、アニメなど。

⑧　写真の著作物。肖像や風景の写真が相当します。

⑨　コンピューターやゲームのプログラム。

この分類をみると、自動車の車体や服装のデザインは著作権の対象ではありません。こうした工業デザインは「応用美術」に含まれるひとつの形態とみなされ、著作権の対象外となる場合があります。近年、さまざまな議論が取りざたされている分野でもあります。

著作物とは、何もレオナルド・ダ・ヴィンチの《モナ・リザ》やベートーヴェンの交響曲のように、高度のクオリティーを持たなくてもかまいません。例えば、幼稚園児の描くひまわりの絵。自分の創作性に基づいて描くならこの絵が著作物です。前章で、レストランの店員が撮影する写真の話をしました。店員は創作性に基づいて撮影したのでしたね。

ここでよく議論の素材になるのが、「国境の長いトンネルを抜けると雪国であった」という名高い一文です。これは、川端康成の《雪国》の冒頭の文章です。皆さんは、これに、著作権があると思いますか？

実は、この部分だけを利用した場合では、著作権侵害になるかどうかは専門家の間でも意見が分かれます。雪が降りそうな日に、国境や県境のトンネルを通過したら銀世界だったということはよくあることで、ノーベル文学賞を受賞した川端でなくても、誰が書いても同じような文章になってしまうのではないか、と指摘されることが多いです。

この一文の例が示すように、著作権の有無の判定については境界線をはっきりさせることが難しいのが実情です。意外に思われるかもしれませんが、著作権があるかどうかを最終的に判断するのは裁判所です。著作権の有無を確認するためには、現実的には誰かが裁判を起こし、裁判所の判決が言い渡されるのを待つしかありません。

また、著作物とは、「創作性」があることが要件であるため、作者がプロであるかアマチュアであるかという区別はありません。先ほどの、幼稚園児が描く「ひまわり」の絵の例で挙げたように、自分の創意で描いたならば著作物と認められます。誰がみても「下手だな」と思われる絵でも、「その人なりに創作したもの」であれば、著作物と認められます。

◆コラム：疾走するアート

一般に自動車の外観は著作物とみなされません。ナイフやフォーク、ボールペンと同じで、工業デザインだからです。工業品（＝実用品）のデザインはそれぞれのモノの機能に結びついていると考えられています。デザインを保護することは、機能を保護してしまうことを意味し、著作権の範囲を越えてしまいます（このため意匠法という工業デザインに関する法律があります）。ところが、最近、バットモービル（バットマンカー）。映画やマンガの《バットマン》の自動車）の外観は「著作権で保護される」とアメリカの最高裁が判断しました。もしも、街でバットモービルに出会ったら一瞬で目が釘付けになりそうです。自動車というより「疾走するアート」、つまり著作物と位置づけられたのですね。

アイデアを保護しない

著作物とは何か。法律で認められた「著作物」の範囲を考える際に、「著作物でないもの」を考えると理解しやすいです。これ以外は原則として、著作権を持つことになるからです。「著作物でないもの」について考えましょう。また、国の法律や判決など著作物でありながら、著作権で保護しないものもありますので、併せて示しておきます。

創作性という私たちの内面が問題になるということは、「内面」が入り込む余地がないデータや事実は、著作権の対象にはなりません。例えば、列車の時刻表や「本日のドル＝円相場」のような金融データ、レストランのメニュー、クリーニング店の値段表は著作物に該当しません。もっともメニューや値段表にデザインが施されていれば、このデザインについて著作権が発生するかもしれません。

また、「8月15日は気温が38度に達した」「富士山の高さは3776メートルである」「夏目漱石は1867年に生まれた」などの事実は著作権で保護しません。

多大なコストと労力をかけたとしても、誰が作ってもほとんど同じ結果になる「50音順の電話番号簿」には著作権による保護は及びません。コピー機でコピーしてかまいません。ただし、職業別電話帳には並べ方に工夫があるという理由から、著作物に該当すると判断される余地があります。

また、次のようなありふれた表現には著作権が及びません。「おはようございます」「お電話いただきありがとうございます」「私はポケットに定期券を入れた」

もうひとつ、著作権法上の重要な原則は、「アイデアを保護しない」という点にあります。つまり、頭の中にあるアイデアの段階では保護対象とならず、著作物となるためには、それが「表現」されていることが必要です。

「アイデアと表現」は、著作権の重要なテーマです。例えば、リンゴを絵に描くとします。「どのように描こうかな」「1個だけか、2個か3個か」「背景は?」「光はどこにあてようか」「お皿に乗せるか、テーブルの上にそのまま置くか」など頭の中でいろんな描き方を考えます。この段階では「リンゴの絵」はアイデアに過ぎません。アイデアが表現になるのは、キャンバスに絵筆で描かれ、私たちの視覚に認識された時です。音楽で言うと、作曲家の頭の中にあるメロディーはアイデアですが、譜面になったり、私たちの鼓膜に届いたりして、初めて表現された作品となります。

このように、著作権では、視覚(網膜)と聴覚(鼓膜)に直接訴えるものを対象にします(日本の法律では、香水など嗅覚に訴えるものは著作権の対象ではありません。香水の国フランスでは、香りの著作権の導入について議論がされているようです)。

したがって、弟子が師匠であるマンガ家の「構想」(アイデア)を反映させて自分なりのマンガを描いた場合、道義的にはともかく、著作権法上は問題がありません。

また、料理も著作権法では保護してくれません。料理の作り方について、短い文章で手順を列挙しただけのレシピには著作権がありません。この場合、レシピは料理の作り方に関するアイデアとみなされます(コラム参照)。仮にあなたが新しい「かつ丼」作りに成功しても、著作権は発生しません。

私は、この「アイデアは自由に使ってよい」ということが、社会や文化にとって、いくら強調しすぎても足りないぐらい重要であると思っています。第4章でお話ししますが、私たちの歴史は先人からの遺産を受け継ぐことで成り立っているのですから、「アイデアの伝達」は教育の重要な部分を占めるように思います。

また、憲法やその他の法律、条令、告示、通達、判決などは著作物ですが、原則として著作権法による保護を受けません。もともと公益のために作られているからです。ただし公的機関の刊行物なら自由に使ってよいという意味ではありません。例えば、自治体が発行するＰＲ誌は著作権で保護される場合が多いです。

以上でコンテンツとは何かを考えるにあたり、著作権法からみた「著作物でないもの」を示しました。これ以外のものにはほとんど著作権が発生すると思って良いと思います。ただし、後で述べますが、たとえ著作権があっても、教育や報道、福祉など社会的な理由から、著作権が制限される場合があります。

◆コラム：レシピと著作権

料理の作り方の手順を示すレシピに著作権はありません。まず、「にんじん1個」「牛肉100グラム」「塩、こしょう適量」などはデータに過ぎません。次に、「タマネギをみじん切りに」「タマネギが柔らかくなったら、中火で炒める」「お好みでパセリを乗せる」などの記述はありふれた表現です。いずれも著作権が保護する要件を満たしていません。

「教えたレシピがブログや料理サイトに出回って困る」とこぼす料理研究家や料理教室の

先生が増えているそうです。しかし、よほど外見がアート的な料理以外はどうすることもできません。ただし、レシピに添えられた写真やイラストには著作権があります。

「レシピを見て作った」からと言って、10人が10人とも同じ仕上がりになるとは言えず、著作権の保護をあてにしなくても「料理人の腕前」はなかなか真似されません。レシピは食事の楽しみに貢献します。レシピを教わったら感謝を忘れずにいたいと思います。

著作権の中身

では著作権とは一体、どのような権利なのでしょうか。著作者が持つ権利の中身をみてみましょう。

著作権という時、10以上の権利のうちのどれかを指しています。実は、「著作権」という言葉はこれらの権利の総称に過ぎません。

注意すべきは、著作権とは、著作者あるいは権利を譲り受けた人だけが持つ「独占的な権利」だということです。コンテンツを作る人(本書でキングと呼ぶことにしましたね)は強力な権利を持ちます。

以下では分かりやすくするために6つに分けて説明します。なお、この分類は、文化庁の著作権課が作った『著作権テキスト 初めて学ぶ人のために』(文化庁のウェブサイトから無料でダウンロードできます)の方法を参考にしています。それぞれの権利を細かく見るのは煩雑《はんざつ》ですので、6つを大づかみして理解してください。

(1)コンテンツを複製(コピー)する独占的な権利(複製権)

著作権法の中心的な権利です。「複製権」は、著作権の「一丁目一番地」と言ってよいでしょう。複製(コピー)できる権利です。あなた以外の人が、あなたが作ったコンテンツを複製してはなりません。著作権を、英語で「コピーライト」(コピーの権利)と言いますが、このことを端的に表しています。コンテンツを作る人、つまりキング(あるいはキングから権利を譲り受けた人)だけに与えられた権利です。

著作物はこの「複製権」で守られています。「複製する」(コピーする)とは、コピー機で書類をコピーすることだけでなく、写真撮影や、パソコンやスマートフォンに動画、映画、音楽を取り込むことも意味します。

機械に頼らずに写し取る行為も複製に当たります。つまり、絵筆による絵画の模写はもちろんのこと、講演や授業で、講師や先生が話していることを「手書き」でそっくりそのまま書き取ることもコピー行為とみなされます。

ただし、後述しますが、自分自身や家庭内だけで使う程度の「私的な使用のための複製」や「学校教育現場における複製」などは例外として認められていますので、安心してください。

(2)コンテンツを人々に伝える独占的な権利(上演権・演奏権、上映権、公衆送信権、口述権、展示権など)

「上演権」は、演劇やミュージカルを上演し、他人に見せたり、聞かせたりする権利です。キングだけがその権利を持ちます。音楽の場合「演奏権」と呼びます。生のバンドやオーケストラによるライブ演奏のことを指すと同時に、音楽CDや音楽が含まれる動画のDVDを再生することも「演奏」とみなされ、対象になります。結婚式場やホテルで開催される披露宴でCDやDVDを再生すると、演奏権が発生します(たいていの場合、ホテルなど施設が著作権の手続きをしています)。「上映権」は映画や画像の上映、「展示権」は絵画や写真の展示に関わります。

テレビやラジオ、インターネットでコンテンツを流す(伝達する)には「公衆送信権」が関わります。

ここで「人々に伝える」と書きましたが、人々とは著作権法では「公衆」のことです。公衆とは、「不特定の人」と「特定の多数の人」の両方を指します。「不特定の人」は人数を問いません。ピアノ演奏会を開いたら5人しか聴衆がこなかった、という可能性がありますよね。この場合でも「演奏権」が発生します。また、大勢が参加する同窓会の集まりで動画を見せる行為は、同窓生という「特定」多数の人が対象となるので、注意が必要です。

しかしママ友の個人宅での少人数の集まり(お互いを知っている「特定」で少数)で子供が遊びで、アイドルの歌を振り付きで歌うことは問題ないでしょう(第1章17ページK)。「不特定の人」でもなく、「特定の多数の人」でもない、「特定の少数の人」を対象にした演奏だからです。演奏権、上演権を侵害しません。

今やネット時代ですが、テレビ番組を無断でインターネット上の「動画投稿サイト」にアップすることは慎まなければなりません。放送局が独占的に持つ権利の侵害となります（第1章17ページF）。放送番組というコンテンツには、音楽、美術、テキスト、画像、出演者が不可欠で、それぞれがさまざまな権利を持ちます。その分、1つの番組であってもキングは数人から、時には数十人にも達します。放送に関する権利は複雑なので、ここでは概略にとどめましょう。

「口述権」は、小説、詩の朗読会や講演会など、言葉のコンテンツを公衆に聞かせる権利です。キングだけが持ちます。仮にあなたは、大好きな詩人の詩を丸暗記していたとします。もしも公衆の前で、詩をそらんじれば、詩を作ったキングが持つ「口述権」を侵害することになるかもしれません。

オリジナルの絵画や未発表の写真に関わる「展示権」には例外的な取り扱いがあります。油絵などの所有者は、一定の条件付きで、著作権を持つ画家（キング）に無断で展示してもかまいません。展示に関してなら、例外的に絵の所有権を持つ人の方がキングよりも強いということになります。

(3)コンテンツを二次的著作物に改作する独占的な権利(翻案権、翻訳権、二次的著作物の利用権など)

仮にあなたは小説家だとします。キングです。あなただけが「翻案権」を持ちます。出版された作品は、あなたの許可なしで、あなたの小説を基にテレビドラマや舞台劇、ミュージカルなどの二次的著作物に作り換えることはできません。同時にあなたは「翻訳権」を持つので、あなたの許可なしでは他の人が外国語に翻訳することも実行できません。

また、小説を基にテレビドラマ化されたり、脚本化されたり、映画化される場合、原作者のあなたがドラマや脚本、映画などの二次的著作物について著作権を有します。キングであるあなたの許可なしで、映画会社は、映画をＤＶＤ化して販売することはできません。

(4)未公表のコンテンツを公表する権利(公表権)

公表権とは、公表していない自分の作品を公表するかしないかを決める権利です。公表の方法を決めることも含みます。

例えば、生徒のあなたは美術の授業で父や母の肖像を描いたとします。各生徒が描いた絵を教室内に貼り出すことはかまいませんが、先生があなたの許可を得ないまま、いろんな人が通る校舎の玄関にあなたの絵を飾ることはできません(第1章17ページ）。あなただけが、公表を決めることができます。

(5)コンテンツに作者名を表示する権利(氏名表示権)

あなたが作った著作物に、「作者名を付けるか、付けないか」は、作者であるあなただけが決めることができます。ネット上のサイトに書き込む場合などがこれに相当するでしょう(投稿規定のあるサイトでは規定に従ってください)。また、実名に代えて、ペンネームを付けることもできます。

(6)コンテンツの内容を変更する権利(同一性保持権)

作者に無断でコンテンツに変更や修正を加えることはできません。ポスターの絵や写真に他人が落書きをしてはいけません。市の広報センターが、市民の声を市のPR誌に掲載する場合、投稿者に無断で表現を言い換えたり、加筆したり、短くすることはできません(あらかじめ投稿規定があれば別です）。

フリーライドを許さない

以上の6つのうち、（1）から（3）は、どちらかと言うと著作者の「お金」（財産）に直接に関わり、（4）から（6）は、どちらかと言うと著作者の「気持ち」や「内面」（人格）に関わります。この2つの面に注目しましょう。

まず、「著作者のお金」に関わる権利についてです。

仮に、（1）から（3）までのいずれでも侵害されると、「本来、得られたはずのお金」（法律では「得《う》べかりし利益」と言います）に関わりますよね。（1）で言うと、「海賊版」がその典型例です。キングが作った作品を、キングに無断でコピーを作り、それでお金もうけをすることはキングの「得られたはずのお金」を奪っていることになります。

（2）音楽CDを、作った人の許可を得ることなく、レストランで来客サービスとしてBGMで流すとします。これは、音楽を作った人の利益を損なう行為とみなされます。

（3）例えば、ハリー・ポッター作品について、作者（J・K・ローリング）側との約束（契約)で、日本では松岡佑子さんか、日本語版を出版した静山社だけが独占的に翻訳する権利を持っています。他の誰かが無断で翻訳して出版すれば、正規の翻訳者や出版社の利益を損なうことになりそうです。

どんなコンテンツでも、生み出すには手間や時間、つまりコストがかかります。コストを負担しないのに利益だけをかすめ取る行為をフリーライド(ただ乗り)といいます。フリーライドを法律で禁じ、罰則を与えないと「フリーライドする方が得だ」ということになり、ばかばかしくて、誰も創作活動に向かわなくなりますよね。

著作権法では、著作権侵害へのペナルティー(刑事罰)として最長で10年の懲役、または最高で1000万円の罰金が科されます。懲役刑だけでみると、これは刑法が定める窃盗罪と同じ重さです。

次に「作者の内面」に関する権利、つまり「著作者人格権」を考えましょう。

(4)の「公表権」について。生徒の描いた絵が無断で人目にさらされるケースです。生徒の気持ちを想像してみてください。自分だけの「ひそかな思い入れ」が絵にあるかもしれず、心の準備がないまま公開されたら嫌な気分になるかもしれません。仮に誉めてもらえたとしても、この生徒は喜べないかもしれません。

(5)の「氏名表示権」はどうでしょうか。作品とともに、「本名を絶対に出したくない」場合もあれば、「ぜひ本名を出してほしい」と思う場合もあるでしょう。いやいや、「ペンネームでお願いします」ということだってあると思います。世の中になぜ、ペンネームというものがあるか考えれば、この項目は理解しやすいのではないでしょうか。

(6)の「同一性保持権」については、作者や投稿者の気持ちになれば、分かりやすいと思います。コンテンツに手を入れられると、仮に仕上がりが良くなったとしても、素直に喜べない場合があります。私が小学生の時、図画工作の時間に、描いている絵に先生が筆を入れてくれた経験があります。確かに仕上がりはよくなりましたが、自分の描いた絵でないような気がして、複雑な気分になった記憶があります。

このように、著作権は、作者の「得《う》べかりし利益」を保護するだけでなく、作者が不快な気持ちにならないように守ってくれます。

第9交響曲と作曲家の個性

一体なぜ、著作権は「作った人の気持ち」に強く配慮しているのでしょうか。「著作者人格権」(ちょっとかたい言葉ですが、これを機に覚えてください)について考えてみましょう。

それは私たちという「個人」や「個性」が重要視されていることの表れです。私たちは、この世の中で、2つとない1つの存在です。この考え方が日本の著作権法にも受け継がれています。つまり、人格を持った人間が作る以上、コンテンツは人格と結びついているという考え方に基づきます。

私たちは、グーテンベルクが活版印刷術を発明し、ライト兄弟が飛行機を発明したと習います。発明の世界はもともと、「必要は発明の母」という言葉があるように、技術に関する私たちの生活や社会の「必要性」や「困難」「不便」にチャレンジするという側面がありまず。だから、グーテンベルクがいなくても活版印刷術は誰かが作ったでしょう(実際、印刷術の発明に関しては中国や朝鮮半島でもグーテンベルクの前に例がありました)。また、エジソンがいなくても、遅かれ早かれ、誰かが蓄音機《ちくおんき》や白熱電球を発明したでしょう。

しかし、《モナ・リザ》の絵はどうでしょうか。レオナルド・ダ・ヴィンチがいなければ、私たちは永遠に観ることがなかったし、ベートーヴェンがいなかったらあの《第9交響曲》はあり得なかったのではないでしょうか。ジョン・レノンやポール・マッカートニーがいなかったら、《ヘイ・ジュード》や《レット・イット・ビー》はできなかったに違いありません。《こころ》を書いた夏目漱石、《太陽の塔》を作った岡本太郎も同じです。

絵や音楽、小説、詩などコンテンツ(作品)は、作った人の個性や人格の発露であるという考え方を知っておいてほしいです。

お金を払ってもキングになれない？

「著作物を作った人が著作者だ。キングは偉い」と言いましたが、ここで、この点を確認しておきましょう。皆さんは「キングが偉いのは当たり前じゃないか」と思うかもしれませんね。しかし、現実には、混乱する場面が出てきます。お金を出してコンテンツを購入すると、「買ったのは私だ。私がキング」と思ってしまいます。しかし、それは間違っています。

仮にあなたが、新刊本を買ったとします。しかし、あなたはこの本を私的な目的以外でコピーすることはできません。コピーして売れば「海賊版の販売」になりますし、スキャンしてネット上にアップロードすることもネット版の海賊行為になります。確かに、お金を出したので、その紙の本はあなたのものですが、紙の本に載っている小説は著者(キング)のものです。

別の例を挙げます。印刷会社に「レストラン開店のチラシ」のデザインをお願いし、刷ってもらったとします(第1章16ページB)。この場合、依頼主のあなたは、お店の外観や内装などの写真やメニューを渡し、チラシの納品と引き換えに制作費を支払っても、キングにはなれません。キングは印刷会社(正確には印刷会社のデザインを担当した人)です。

だから、この場合、あなたの手元でチラシの枚数がつきたからと言って、あらかじめ印刷会社と取り決めておかない限り、コンビニのコピー機でカラー印刷する(複製を作る)ことは、キングの権利(複製権)を侵害することになります。また、チラシをスキャンして、あなたのウェブサイトやフェイスブックにアップロードすること(公衆送信)もできません。チラシを部分的に修正することもできません。キングの「同一性保持権」を侵害することにもなります。

写真館で撮ってもらった卒業式や成人式、家族の記念写真を年賀状や案内状に流用する場合（第1章16ページ A）も注意が必要です。写真館（厳密には撮影した人）がキングです。取り決めがない限り、お金と引き換えにもらった写真を複製するには、著作権ルールにおいてはキングの許可が必要です。

会社と会社の関係においてもこのことは当てはまります。例えば、テレビ局は、番組放送に際してすべてを自社で作るわけではありません。ドラマやドキュメンタリーでは、専門のプロダクション会社が自ら企画を立て、テレビ局に提案し、番組の全責任を受け持つことが多いのです。この場合、番組を実際に制作したのはプロダクション会社なので、著作権はキングであるプロダクション会社が持ちます。だから、あらかじめ取り決めをしておかない限り、テレビ局は勝手に番組を修正したり、無断で再放送したりすることができません。いかにプロダクション会社がテレビ局より小さな企業であっても、キングはキングです。自社企画、自社制作については、番組の権利を持ちます。

「作る人」と「使う人」の間で

「何だか不便だな。お金を払ったのに、勝手に使えないなんて」と思う人がいるかもしれませんが、コピーする権利（複製権）はコンテンツを作ったキングだけが持つというのが著作権ルールの基本概念です。しかし、著作物（コンテンツ）をいちいちキングの許可を得て利用していたのでは、たいそう不便です。チラシを作る印刷会社や記念写真を撮る写真館、番組を作るプロダクション会社、いずれのケースの場合も、当事者の間で、あらかじめ、「コピーすることはOK」「ウェブでの利用も可能」と約束（契約）をしておけば、話は別です。

当事者同士で話し合って、「作った人は印刷会社だけど、コピーを作ったり、送信したりする権利はお客の私がもらいます」と著作権を移転することが可能です。

写真館の中には、お金と引き換えに、お客に写真データをUSBメモリーやディスクの形でくれるところもあります。この場合、写真データと一緒に著作権の利用を許可していると考えられます。また、多くの場合、プロダクション会社は合意の上でテレビ局に著作権を渡しています。だから、プロダクション会社が制作した番組について放送局が契約の範囲内で番組を短縮したり編集したりしている可能性はあります。

こうしてみると、著作権は「作る人」と「使う人」との間で取引されるもの、ということが分かると思います。両者の間で話し合って、実際の運用を決めるのですね。この話し合って決めることを「契約」と言います。ビジネスの世界では、お金がつきまとうので、契約を取り交わすことが基本になります。もしも小説家のあなたが、契約によって権利を誰かに渡す(譲渡すると言います)と、あなたは著作者(小説家というクリエーター)のままですが、権利をもらった人は「著作権者」となります。ただし、私たちの内面に関わる著作者人格権は譲渡することができません。そこで、実際の契約では著作権を譲渡しても、著作者人格権については「これを自分は主張しない」という条項を付けることがあります。

ところで、あらゆるコンテンツの中で、他の人が利用する頻度が高い「音楽」については、「作る人」と「使う人」の間で著作権管理団体が重要な役割を果たしています(コラム参照)。

◆コラム：著作権の管理団体とは

一般にコンテンツを作る人から著作権の管理を任されている機関を著作権管理団体と言います。日本における音楽の世界ではＪＡＳＲＡＣ《ジャスラック》(一般社団法人日本音楽著作権協会)が有名です。音楽利用者と作家(作曲家と作詞家)とをつなぐ存在です。作家に代わって音楽利用料金をＪＡＳＲＡＣが集めます。集まったお金から手数料を差し引いて、作家に分配します。

利用者は音楽の利用について、JASRACに問い合わせればよいので、いちいち作家に当たる必要がありません。音楽の利用とは、テレビやラジオなどの放送のほか、ライブ演奏やCD演奏、ネット配信、カラオケ、ダンス教室などでの演奏のことです。ホテルや飲食店でのBGM利用も含まれます。日本ではJASRACの他に、NexTone《ネクストーン》社も音楽の著作権管理事業者です。

保護期間は死後70年まで

「著作権が欲しい。コンテンツのキングになりたい。どうすれば良いの?」

皆さんの中には絵やイラストを描いて生計を得たいと考えている人がいると思います。つまり著作権でビジネスをするということですね。では、著作権はどうすれば得られるのでしょうか。

著作権は、登録や届け出などの特別な手続きは必要ありません。例えば、油絵を描いた人は、著作物である絵を描いたその瞬間に著作権が発生し、その油絵についての著作権を持つことになります。絵が完成していても未完のままでも、あるいはスケッチの段階でもかまいません。ただし、見る人に「創作的な表現」が感じ取られなければなりません。音楽も同じです。作られたメロディーに「創作的な表現」があれば、著作物となります。時々「4小節以上なければ、1本のメロディーとみなされない」「短いものはぱくって(盗んで)もよい」などと言っているのを耳にしますが、これは都市伝説のような根拠のないデマです。

では、私たちが著作権を得た場合、その権利はいつまで保持できるのでしょうか。

日本の著作権制度では、コンテンツを作ってから、著作者の死後70年間(厳密には死亡した翌年の1月1日から70年間)保護されます。

もしも、あなたが油絵を20歳で描き、80歳で亡くなるとします。この絵は20歳から80歳までの存命期間(60年)と死後70年保護されることになります。トータル130年です。あなたの死後は遺族や権利継承者が権利を受け継ぎます。映画の著作権の保護期間は、映画が試写会などで公表されてから70年です。特許権(出願から20年)や商標権(登録から10年。ただし更新可能)などと比べると長いように感じる人がいるかもしれません。

米国やEUでは、著作権の保護期間はこれまで少しずつ延長されて現在は70年が標準的ですが、日本ではつい最近までずっと50年でした。このため、保護期間の世界的な調和を目指す欧米から日本の保護期間を延長するよう強い要請があり、日本でもようやく2018年に著作権の保護期間が70年になりました。

保護期間を過ぎた作品は、著作権が消失し、パブリックドメイン(公共財)となって、誰でも自由に使うことができます。使用にあたって、誰かに問い合わせをする必要も、お金を払う必要もありません。ですから、夏目漱石(1867―1916)の小説を映画化やテレビドラマ化する際、著作権継承者に断る必要はありません。パブリックドメインだからです。紫式部やモーツァルトの作品はもちろんパブリックドメインです。

ヨーロッパの美術館や博物館では館内の展示物の撮影を認めているところが多いです。旅行先のオランダの美術館で撮影したゴッホ(1853―1890)の「ひまわり」を絵葉書にすることも問題ありません(第1章17ページ G)。しかし、著作権の保護期間にあるピカソ(1881―1973)の絵を自由にすることはできません。

古典と呼ばれるものはたいていパブリックドメインなので、使わない手はありません。歴史に耐えた価値の高いものを誰に断ることなく自由に使えるのですから、「知恵の宝庫」「アイデアの泉」ではありませんか。しかもたいてい無料です。日本では、「青空文庫」(コラム参照）という無料で使えるウェブサイトが重宝します。明治から昭和にかけての文芸作品が充実しています。ネット上には、他にも《聖書》はもちろんのこと、ホメロスやダンテ、シェイクスピア、ゲーテなどほとんどの主要作品が無料で公開されています。ただし、日本語に翻訳されているものについては、注意が必要です。文芸に限らず、モーツァルトやベートーヴェンの楽譜をダウンロードできるサイトもあります。

◇コラム：素晴らしい「青空文庫」

誰でも無料で利用できるインターネット上の電子図書館です。著作権が消滅した文学作品を中心に、著作権のある作品でも著作者の許可を得て収録しています。ダウンロードして、パソコンやスマホ、タブレットなどで手軽に読めます。

入力や校正、ファイル作成もすべて無償ボランティアの手によって運営されています。プロの編集者や学校の先生などが支えてきました。高校や大学のサークルなど団体で参加しているケースもあります。

私の場合、旅先で急に《蜘蛛《くも》の糸》（芥川龍之介）を読みたくなり深夜にダウンロード。以来、青空文庫ファンになりました。タブレットなら電気をつけなくてもベッドで読めるし、文字の大きさを変えられるのも便利です。

ピアニストと落語家

皆さんには、好きなピアニストや指揮者、歌手がいませんか。同じ楽曲やミュージカルが、演奏者によって、あるいは演じる人によって、まるで違った仕上がりになります。ミュージカルは、歌って踊って、セリフを述べなければなりません。《キャッツ》であれ《ピーター・パン》であれ、演じる人によって同じ演目でも違った印象を聴衆にもたらします。演じる人の価値が大きいことが理解できると思います。落語も同じです。同じ《時うどん》(関東では《時そば》)を聴いても、落語家によって別の演目のように違った楽しさを与えてくれます。

ちょっと考えてみましょう。指揮者やピアニスト、俳優は、楽譜や台本を書く人たちでしょうか。そうではありません。彼らは演じる人です。つまり「伝える人」です。こういう実演をする人がいないと、演奏会も芝居もミュージカルも成立しません。

著作権の世界では、シェイクスピアの芝居、モーツァルトの交響曲、プッチーニのオペラ、

《ピーター・パン》《ライオン・キング》などのミュージカル、あるいは漫才や落語では、「演奏」や「演技」、つまりパフォーマンスを「創造的な行為」とみなします。

著作権を語るときに忘れてはならないのが、このような演劇や音楽を「伝える」人だけに与えられる権利です。これを「著作隣接権《りんせつけん》」と言います。これもキーワードなので覚えてください。著作権に並んで重要な権利です。作詞も作曲もしない歌手やピアニスト、オーケストラ指揮者には著作権はありませんが、著作隣接権が与えられます。

自作自演のシンガーソングライターの場合は、歌(詩と曲)を作る段階で「著作者」となり、演奏する段階で「実演家」となります。つまり、ボブ・ディランさんや松任谷由実さんは著作権と著作隣接権の両方を持つことになります。

ところで、レコード会社は、コンテンツ(著作物)である音楽原盤(音楽CDや映像DVD)を作り、放送局や有線放送会社は、電波やオンラインを利用してコンテンツを公衆に「伝えて」います。歌手やオーケストラ、バンド、さらには演奏を録音するレコード会社や放送局には著作権はありませんが「著作隣接権」が与えられます。

音楽や演劇では、演奏家や俳優など実演する人なしでは、音楽、演劇などのパフォーマンス（実演）が成り立ちません。楽譜や脚本それだけでは、多くの人に伝わりません。「伝える」人の権利の重要性をここで強調しておきました。

テレビ録画機が売られている理由

ここまで、著作権の仕組みや構造について述べて来ました。この時点で皆さんの多くは、次のような疑問を持ち、不安になっているのではないでしょうか。

「私、手近なコピー機で、新聞や雑誌をコピーするけど、いいの？」

「著作権は『複製権が中心』だというけど、多くの人が堂々とコピーしているではないか」

「テレビ番組の録画はコピーとみなされるが、どの家でも普通に行われている。複製権の侵害になるの？」

「そもそも録画機が堂々と売られているではないか？」

「パソコンに音楽CDをコピーしているけど、違法かな？」

著作権法は、「コピーしてはなりません」という禁止のためのルールのように思われるかもしれませんが、実は「自由にコピーしてもよい」という例外をたくさん設けています。今から話すのが、著作権の例外規定です。つまり、権利者の了解を得ずに、著作物を無断で使ってよいケースです。「例外」とはいえ、あなたの暮らしに密接に関係のあるものばかりですので、詳しくみてみましょう。

個人で使う場合はご自由に

安心してください。「私的使用の目的」では、他人の著作物を自由に使えます。複製(コピー)することは可能です。街で売られている録画機も個人向け、つまり私的使用のための機械です。重要なことは「私的使用」なら良いのであって、お金もうけの仕事のために他人のコンテンツを無断で使うことはできません。

記事のコピー、音楽CDのコピー、テレビ番組の無断コピーはいずれも、自分のため、あるいは家庭の中だけならば権利の侵害にはなりません。法律で認められています。

私は、本1冊分を裁断して、個人所有のスキャナーでパソコンに読み取り(コピーし)、携帯端末やパソコンで読むことがあります(書籍の電子化である「自炊《じすい》」と呼ばれますね。コラム参照)。山歩きをする人なら、地図やガイドブックを全部持ち歩くのはいやだから、必要な部分だけコピーする人もいるでしょう。

これはすべて、コピーの私的使用という著作権の例外規定に相当します。一般消費者向けのコピー機やデジカメ、デジタルオーディオプレーヤーなどはすべて、「著作権の私的使用」を前提に作られ、販売されていると言ってよさそうです。

しかし、きちんとしたルールがあるので知っておいてください。(1)あくまでも、個人が「自分(あるいは家族)のために」コピーを作ること。(2)そのコピーを(家族以外の)他人にプレゼントすることはできない。(3)使用する機器も個人のものに限られる(コンビニのコピー機を使用することは現時点では例外的に認められています。問題ありません)。業者は代行できない(このルールを知っているので、私は本をスキャナーにかける「自炊」をする場合、自分で行っています)。

ところで、「個人的に使うって、どこまでが範囲なの?」と皆さんは思うことでしょうね。実は、この点は重要な割に、明快ではありません。ここでは、「自分1人」「(親、子、孫の)家族で」「婚約者は含む」「3、4人の親しい友人たちで」といったところです。ちなみに、著作権法には「個人的にまたは家庭内その他これに準ずる限られた範囲内」(第30条)と書かれています。あいまいですね。

仕事目的であれば、たった1枚であっても、新聞記事をコピーする場合、私的使用とは認められません。

◇コラム：電子書籍の「自炊」とは

パソコンや携帯端末で読むために、書籍や雑誌など紙媒体のコンテンツをスキャナーで読み取ることで電子化することを「自炊」と言います。データを「自分で吸い取る」行為なので、「自炊」と呼ばれるようです。著作権法では、他人のコンテンツを無断でコピーしたり、スキャンしたりすることは複製権の侵害になります。しかし、私的使用のために「自分でスキャンし、端末にコピーする」ことは問題ありません。「紙の本」はかさばる、重い、「整理するのが大変」などの理由で、「紙の本」を電子化するメリットがあります。

先生がコピーしてた。いいの？

私的目的の複製以外に、次のような例外規定、つまり、著作権で保護されたコンテンツでありながら自由に使ってよいケースがあります。(1)学校教育の現場、(2)図書館サービス、(3)福祉の現場、(4)報道目的の使用などが挙げられます。いずれの場合も、「公益性」「公共性」が高いので例外扱いとなっています。

(1)学校教育の現場

教室では、教員がプリントを生徒や学生に配ります。教員が教材として新聞や雑誌、教科書以外の書籍をコピー(プリント)するのは日常的です。この場合は、著作権の問題を気にする必要はありません。

また、授業中に、先生や生徒が授業のために録画したテレビ番組を教室で見ることも可能です。学芸会や入学式で、音楽や映像など他人のコンテンツを使うこともかまいません。

入試問題に作家の文章や新聞記事を載せることも自由です。あらかじめ、著作物使用の許可を求めることは「試験」という性格上適当でないので、こういう規定があります。また、試験問題に使うぐらいであれば、権利者の利益を大きく害しないという考え方もあるようです。出版社には「入試問題に掲載したので了承してほしい」と事後に連絡をしてくる高校や大学があるそうですが、法律上は使用報告は不要です。ただし、ビジネスとしての模擬試験の場合は事情が違ってきます。権利者に事前の許可を得る必要はありませんが、補償金の形で権利者に支払いを行うことが必要です。また、実際の入試問題を集めて、「過去問集」「学校別入試問題集」などを発行する場合は、この例は当てはまりません。問題集を発行する出版社は、権利を持っている人に料金を支払う必要があります。

ところで、教育機関としての学校とは、非営利の学校法人などに限られます。予備校や塾、カルチャーセンターは該当しません。私も時々、企業や営利団体に招かれて講師を務めることがあります。その場合、学校の教室での授業と同じようにできないことを知っているので、教材の配布やスライドの利用について、本職の授業と同じようにはできません。

(2)図書館サービス

図書館では、コピー(複写)サービスがないと、書籍や雑誌がうまく活用できません。そこで、公共性の高い公共図書館や大学図書館では、例外として、一定の制限の中でコピーすることが許されます(中学や高校の図書室は、学校教育の現場として扱われる場合があります)。

調査研究の目的などルールの範囲内でコピーしてかまいません。

図書館などの職員は、来館者の依頼を受けて、書籍の「一部分」のコピーを、「1人につき1部だけ」提供できます。権利者に無断でコピーしてかまいません。ただし、「コピーしてわたす」ことだけが可能です。ファクスやメールで送ることはできません。

（3）福祉サービス

既存の書籍を点字に置き換える「点訳」をすることが可能です。また、著作者に無断で、目の不自由な人のために本を「音読して録音（コピー）する」ことや、音読版をネット配信することが可能です。しかし、オーディオブックと呼ばれる必ずしも目の不自由な人向けではない商品は除きます。このほか、弱視の人のための拡大版の教科書を作ることも、無断で行えます。

（4）報道目的である場合

仮に、岡本太郎の絵が盗まれたことを報じる場合を想像してください。「こういう絵画が盗まれた」とコピーを新聞社やテレビ局が実際に報道すれば、ニュースに触れた人も捜査に協力しやすい状況が得られます。それ以前に、世の中で何が起きたのかについて、民主主義の根幹をなす「国民の知る権利」の上でも大事な情報なので、報道の目的であれば、無断でコンテンツを報じることができます。

(5)非営利目的の演奏

音楽の演奏に関して、ユーザーが知っておくべき例外規定があります。

公表された楽曲を無断で演奏することができます。ただし、次の3つの要件を満たさなければなりません。つまり、①営利目的でないこと、②聴衆などから料金を受け取らないこと、③演奏する人に報酬が支払われないこと、です。

音楽の演奏だけでなく、この3条件を満たせば、演劇の上演や映画の上映も可能となります。入場料を取らない大学の学園祭などで、学生バンドがビートルズの曲を演奏することは可能です。どこかに届ける必要はありません。しかし、もしもカンパを集めたり、学園祭のチケットなどを販売する場合は②に触れるとみなされるので、注意が必要です。

これとは別ですが、路上で、ギターを演奏して流行のポップスを歌っている人を見かけることがあります。これはどのように考えたらいいでしょうか。通行人や聞いた人が小銭を投げ込むように仕向けたり、音楽CDを販売している限り、3つの条件全部に触れそうです。演奏権侵害の可能性があります(第1章17ページ)。他人の曲を演奏する限り、JASRACなどに問い合わせるのが良いでしょう。

知っておきたい引用ルール

もうひとつ重要な著作権の例外規定があります。「引用」の場合です。評論や解説を書く場合には、他人のコンテンツの一部を「そっくり取り込んで」自分の作品に生かすことがあります。これを引用と言います。堂々たるコピペが認められているのです。

例えば、次のような文章があるとします。

「本レポートにおいて私は、日光浴は身体に害こそあれ、益はないと論証したい。○○大学の△△教授も自著において『X県において5万件の追跡調査をしたところ、太陽光の皮膚への悪影響には看過できない点がある』(△△著『X県の日光浴被害』Y出版社、2016年、

１５４ページ）と主張しており、私は△△教授のデータを読み解くことから調査を始めた」この中の『Ｘ県において……点がある』が引用部分です。

引用には厳格なルールがあります。箇条書きにしておきます。

守りたい引用ルール

（１）自分のコンテンツとの脈絡において必要性があること（目立たせようというアイキャッチの目的や飾りの目的では使えない）
（２）自作のコンテンツに「パーツ」（部品）として取り込むこと
（３）自分の作った部分と引用部分が、カギカッコなどによって明確に区別されていること
（４）自分の作った部分と引用部分のメイン（主）とサブ（副）の関係が明確であること（引用された部分がメインとなってはならない）
（５）引用部分の出所を明示すること（読む人が確認できるように、書籍や論文、ウェブサイトについてのデータをきちんと記載する）

ソフトのバックアップは？

他にも、著作権の例外規定として、国会や裁判所、行政機関が、資料を作成する場合において一定の範囲で著作権が制限されます。

これ以外にも著作権が制限される場合がありますが、私たちの日常生活に関係しそうなところでは、次のようなケースがあります。

「屋外に置かれた彫刻や建物の写真撮影」「美術展の解説パンフレットへの作品写真の掲載」「コンピュータープログラムのバックアップのための複製」などです。

ところで、たとえ個人的な使用であっても、映画のDVDのようにコピープロテクトがかけられていたり、パスワード管理されていたりするソフトのコピーについては、プロテクトを外したりすることは違法です(第1章17ページE)。音楽CDには通常、プロテクトがかかっていません。仮に図書館から借りて来て、自分のパソコンやスマホにコピーすることも私的使用の目的であれば、問題ありません(第1章17ページD)。

著作権に例外がある理由

では、なぜ、著作権がフルにその力を発揮できない「著作権の例外的な措置」があるのでしょうか。いくら公共のため、福祉のため、と言っても、著作者の「得べかりし利益」を損なってまで、つまり作者が犠牲になっても良いのかという議論が出てくるかもしれません。その点は、例外となるのは小規模なコンテンツの自由利用という前提があるからです。

著作権の基本的な考え方からすれば、何かコピーしたい場合、著作者から許可を得れば、自由に使えます。あるいは、お金を払ってコピーすることも可能です。しかし、利用のために許可を取るには手間がかかります。私的使用のことを考えてみましょう。ある特定のテレビ番組を録画したい人は、日本全国で何万人も何十万人もいるのではないでしょうか。こういう人がいちいちテレビ局に問い合わせる状況は現実的ではありませんね。手間もコストもかかりそうです。

また、著作権を多少緩くすることで、社会や公共のための大きなプラス効果が期待できる場面があります。「学校教育の現場」や「図書館サービス」「福祉」「報道」の場合がこれに相当します。「私的な目的の使用」について言えば、そもそも、「取り締まることが難しい」という現実的な事情があります。日本では、犯罪捜査の場合であっても、原則として捜索令状がない限り、家庭の中を調べることは誰にもできません。

著作権法の目的は「文化の発展」にあります。「文化の発展」という見地から、「著作者の利益」と「公共の利益」とをてんびんにかけた上で、公共性を優先する、というのが法律の考え方です(22ページ)。

第3章

それ、違法コピーです

著作権は守られているか

私たちの日常は作品や素材などコンテンツに囲まれていることが分かりました。コンテンツに関するルールとして著作権の重要性も学びました。小説家や画家、作曲家など「作る人」が著作権を持ち、指揮者やピアニスト、芸人たちなど「伝える人」が著作隣接権を持つことも知りました。

では、実際のところ、私たちの日常生活で、著作権がうまく守られているのでしょうか。著作権に関する相談窓口も身近にはありません。著作権ルールはうまく機能しているのでしょうか。

学校にいると、例外的に著作権が適用されない場面が多いため、著作権の問題を気にする必要はあまりないかもしれません。しかし、ウェブ上で調べ物をしていると、ある人のウェブサイトで見たものと一字一句そっくりな文章を他のサイトで見ることがあります。社会人は一体、どのように著作権と付き合っているのでしょうか。彼らは何の問題もなくコンテンツと付き合っているのでしょうか、気になります。

仕事とコピー

会社で仕事をしていると、コピーする場面は多いです。今ではコピー機はたいていの事務系職場に置かれています。総務や経理、人事などの書類や企画書、会議資料など社内文書のコピーを取るためにコピー機は会社になくてはならない存在です。

しかし、コピー機はやっかいな問題をはらんでいます。残念ながら、多くの企業や団体では違法コピーが横行しているように感じます。特に、新聞や雑誌の記事のコピーについては注意が必要です。

社内の営業会議や宣伝会議などさまざまな会合や打ち合わせの席で、記事のコピーが配布されます。部署によっては、毎朝、コピー担当の人がいて、人数分をコピーしては職場内に配布したり、社内LANで一斉に関係者に送信したりするケースもあります。

すでに第2章で述べましたように、記事を作った新聞社や雑誌社に許可を得ないまま、コピーすることは違法である場合が多いです。「新聞は公共のもの」「誰だってインターネットで記事が読めるのだから、コピーすることにいちいち許可をとるべきというのは現実的でない」という人がいますが、著作権ルール上でいうと、それは正しくありません。

冗談のような話になりますが、ある企業では毎朝、高齢の社長のために、秘書室が選んだ新聞記事を拡大コピーしているそうです。これも著作権侵害となりそうです。

記事をコピーして仕事に利用する場合は、新聞社の許可が必要です。記事をコピーするための申請窓口がどの新聞社にもありますし、たいていの新聞社のウェブサイトには記事利用申し込みの手順が書かれ、申し込み用紙がダウンロードできます。

「著作権を尊重する気持ちはある。しかし、いちいちコピーするたびにいろんな新聞社に連絡するのはとても煩雑《はんざつ》で、それだけで大きな仕事だ。面倒だ」という、仕事上、新聞や雑誌の記事を大量にコピーする必要がある会社のために、便利なサービスがあります。「公益社団法人日本複製権センター」（ＪＲＲＣ）とあらかじめ契約しておけば、書籍や学術出版物、雑誌や新聞などのコンテンツを簡単な手続きで複写することができます。記事の１本１本について、その都度、許可を取る必要もありません。

同窓会も、ママ友の集まりも

同じように、テレビ番組を録画したものを、テレビ局に断りなく社内の営業会議や企画会議で使うことは、著作権の侵害となります(もちろん、皆さんが自宅で、自分自身のためか、家族で見る場合は私的使用と認められて、問題はありません。第2章で述べたとおりです)。

企業内だけではありません。例えば、皆さんが、卒業校の同窓会活動をしているとしましょう。ある日、新聞に出身校のことが取り上げられました。この新聞記事を無断でコピーして「母校便り」に掲載することは、違法となります。同様に、同窓会のフェイスブックで、無断で記事を回覧するにも、新聞社の許可が必要です。

ママ友の間では、アニメや子供向けのDVDをコピーして交換したり、雑誌記事をコピーし合ったりするケースがあるようですが、注意が必要です。私的使用の範囲を超えています。

すべての会社や官庁、地方自治体が違法と知りながら、新聞記事をコピーしているわけではありません。コンプライアンス(法令遵守《じゅんしゅ》)の立場から、いささかの法律違反も認めない企業もあります。たとえて言うなら、夜道で誰もいない交差点であっても「赤信号では渡らない」という態度を貫いています。きちんと許可を取って新聞や雑誌記事をクリッピングしている会社や自治体もあります。

ジャーナリストと著作権

ところで、新聞社はこのような記事や写真の違法コピーをどう考えているのでしょうか。新聞社は自社の記事が違法にコピーされていることに気付いているはずです。記事の無断複製に厳しい新聞社がある一方で、多くの新聞社はそれほど熱心に違反の状態を突き止めようとしているように見えません。その理由はいくつか考えられます。

第1に、どこかの企業が社内で新聞記事をコピーしていても、その事実を認識し、かつ取り締まる有効な方法がない、という現実的な問題があります。

第2に、現場で取材に明け暮れるジャーナリストは著作権のことまで気が回らないという事情があります。報道の仕事においては著作権を気にせず、自由にコンテンツを使える場合が多いので、著作権について考えを巡らす習慣が記者の間では希薄であるのかもしれません。記者教育の問題があるかもしれません。

第3に、かつての新聞社の収益モデルの影響があります。新聞社は長い間、朝刊と夕刊を作りそれぞれを販売し終えたところで、コストを回収するビジネスモデルに依存していました。だから、著作権を生かして記事のコピー料金を得てまで、収益を得ることに関心がなかったのかもしれません。

第4に、新聞業界では、社長から入社したての新人記者まで、「国民の知る権利に応える」「報道の使命」を実践したいという意識が多かれ少なかれあります。そのため、最近までは「記事はコピーしてでも広まってくれる方がうれしい」「1人でも多くの人に読んでほしい」という考え方が先にあり、記事を保護するという気持ちがあまり強くなかったという事情があるように思います。

第5に、記者は仕事上、他人のコンテンツを利用する宿命にあります。人が書いたもの、会見やインタビューで人が話したもの、つまり他人のコンテンツを入手するところから仕事が始まります。このため、他人の権利を侵害するかもしれないのに、自分の権利を主張することに引け目を感じるという事情もありそうです。

しかし、このごろは、新聞各社は、記事の無断使用について積極的に出版社や放送局に指摘する傾向にあります。

私も知らなかった

私が著作権に興味をもったのは、実際の経験が出発点にあります。ニュースを新聞社や放送局に配信する通信社の記者になって5年目ぐらいの時です。まだインターネットがなかった時代の話です。

ある日、私に電話がかかってきました。「あなたの書いた記事を、うちのパンフレットに使いたいが、良いか」というものです。電話の相手は、ある会社の広報担当者です。画期的な冷蔵技術について記事を書いたのですが、その技術を開発したのがその会社だったのです。

私は「どうぞ、どうぞ。広めてくだされば、私も書いた甲斐があります」などと返事をしました。この話を数日後に開かれた部会で報告すると、意外なことに、部長から注意を受けたのです。「そういう時はね、関係セクションに連絡すること。君の書いた記事は会社に著作権があるのだから、君が判断することではない」と諭されました。

私は「市民の代理としての取材者だから、公開された記事は、自由に使ってよいのではないですか」と問い返しましたが、「君ね、知る権利と著作権は別物だ」と説明され、ぴんと来ないまま、その場が過ぎたことを覚えています。同席していた同僚もぽかんとしたまま何か意見を述べることはありませんでした。

この部長はさらに「それにね、君には著作権はないんだ。著作権は会社が持つんだよ。君には勝手な判断はできないよ」と付け加えました。

ジャーナリストの権利とは

今にして思えば、この部長は当時としては珍しい、著作権に明るい人だったことが分かります。同時に、私は著作権について基本的な知識を持っていなかったことに、この時、気付きました。

この部長の言ったことは正しいです。報道機関に勤務する記者は自分が執筆した記事や撮影した写真の権利を持ちません。権利は勤め先の新聞社や放送局に属するのです。

私は25年、共同通信社という報道機関に勤務していました。数えたことはありませんが、在職中、雑報のような5、6行の短い記事もカウントすると、書いた記事の数は軽く2000本は超えます。しかし、その会社を辞めた今、私は自分の書いた記事をどうすることもできません。有料のデータベースから引っ張り出すことは可能です。しかし、それを加工することはおろか、どこかに再利用しようと思うと、その通信社に連絡を取って許可を得、場合によってはお金を払うことになります。

通信社(新聞社)は記事や写真というコンテンツ(著作物)を生み出すことを目的にしています。普通、1本の記事は、現場記者が執筆した後、紙面に印刷されるまで、デスクや校閲、校正、新聞社であればレイアウト担当者などの関門を通過し、それぞれの段階で、加筆修正されます。読みやすくするため、字句が変わり、段落が入れ替わるのは日常茶飯事です。

つまり、商品としての記事を生み出すのは分担作業の結果であり、そのため、記事のひとつずつは、ひとりの記者が仕上げているわけではない、という考え方から、雇用契約のある会社の仕事としてのコンテンツを作る場合は、会社が権利を持つことになります。

もっとも、アルバイトや外部デザイナーの形で、特定のコンテンツを作る能力を提供することで契約している場合は、コンテンツを作る人が権利者の地位を得ることを要求できます。同様に、新聞や雑誌で、外部の文化人や大学教授が原稿を寄稿したり、アマチュア撮影者が写真を提供したりしている場合は、著作権は、特段の取り決めがない場合は、そのような外部からの寄稿者にあります。読者からの投稿も考え方は同じです(ただし、社の規定により、投稿の時点で権利が自動的に投稿先の新聞社や雑誌社に移転する場合があります)。

連載小説の場合は小説を書く作家と挿絵を描く画家に著作権があります。

従業員が作るパワポ、権利は誰に?

では、一般企業に勤める従業員は著作権についてどのような関わりがあるでしょうか。意識しようがしまいが、会社の従業員はコンテンツを作る場面が結構多いです。企画書や報告書、宣伝文書、時にはイラストを描いたり、派手な広報ポスターを作ったりすることもあるでしょう。そういう時に、知らず知らずのうちに、従業員が権利者になるはずですが、実際は、会社が権利を持つことになります。

パソコンでプレゼンテーション(プレゼン)を行う機会が増えました。ワープロソフトや表計算ソフトだけでなく、「パワーポイント」(パワポ)などのプレゼンテーション用ソフトを使う機会が多いです。仮にあなたが、新製品を紹介する仕事を任され、連日苦労してパワポのスライドを作るとします。では、このスライドの著作権は誰にあるのでしょうか。あなたにあるのでしょうか。いいえ、著作権はあなたの会社に属します。

雇用契約のある会社の仕事上の要請でコンテンツを作った場合、あなたはコンテンツのキングになれません。かたい言葉で恐縮ですが「職務著作」と言って、権利は会社に属します。仕事で作ったパワポ資料の著作権は従業員のものではありません。オフィス内の机や椅子と同じように会社に属す、ということになります。

この考え方で行くと、従業員が職務としてゲームソフトを作る場合、ソフトの著作権は勤務先の会社に属します。記者と勤務先の新聞社との関係と同じです。

仮にあなたは美術系の大学を出て、イラストレーターとして企業に就職したとします。そこでの仕事が宣伝部で、ポスターやテレビコマーシャルのイラストを描くことが仕事であるなら、あなたが描いたイラストの著作権は全部、会社のものです。自分が作ったキャラクターがヒットして莫大《ばくだい》なお金を生んだとしても、権利は会社に属します。

スクールソングCDが作られない理由

ところで、皆さんが出た中学や高校には、校歌や応援歌などが入った「スクールソング」

のCDやDVDがありますか。全国の学校で、校歌や応援歌、独自の入学や卒業の歌、地域の歌などを盛り込んだ「スクールソングCD」を作る計画が浮上しては、企画倒れになるケースが多いと聞きます。その理由として、著作権に関わることが大きいようです。

「校歌を作った作曲家と作詞家に連絡がつかない」「歌は当時の音楽の先生が作曲した「詩については、1番はA組、2番はB組という具合に当時の生徒全員で作った」「玄関に飾ってある校舎の絵をジャケットに使いたい。しかし誰が描いたか分からない」

このような状況では、CD化することは極めて困難です。校舎の絵にも、生徒全員で作った詩にも著作権が及び、法的には全員の許可がないと「記念CD」「記念DVD」を作ることが難しいのが実情です(第1章17ページ)。

スクールソングを作ったり、学校のために校舎や運動場の絵を描くなど共同でコンテンツを作る場合は、将来に備えて合意形成したり、権利の在りかを学校や同窓会に帰属させておくことなどが必要です。

SNSと著作権

社会における著作権のあり方で、いつも気になるのが、フェイスブックやツイッター、LINEなどのSNSにおける、コンテンツの利用です。皆さんもSNSを日常的に使っていると思います。他人のコンテンツを転送するときは注意が必要です。

「知人から知人へ」「自分から未知の人へ」「仲間内でわいわい」など、情報が次から次へとリレーされていくのがSNSの醍醐味《だいごみ》でしょう。しかし、コンテンツが次から次へと引き継がれていく点において、著作権を侵害する危険が増すばかりと考えられます。ツイッターで、リツイートするときにあたかも自分が作った文章のように送る「パクツイ」は問題が多いです。著作権を侵害された画像などをリツイートすることも注意が必要です。

ネット上にアップロードされた記事や写真は誰の目にも触れ、簡単にコピーできます。公衆にコンテンツを送ることは「公衆送信」(33ページ)することを意味し、テレビ放送と同じ効果を生みます。ここに怖さがあります。例えば、おもしろい写真や動画が送られてきたら、多かれ少なかれ興奮状態にあり、一刻も早く、さらに誰かに転送したいと思うのが人情ではないでしょうか。

テレビはプロの世界で運営されているので、記事や写真を番組で流すときは、放送前に何重にもチェックします。しかし、スマートフォンで撮影した写真は、極端に言えばワンタッチでネット上に公開することになります。

おそらく、フェイスブックやツイッターで情報を流す行為の根底には「コンテンツは多くの人の目に触れることが是である」「皆もやっているし」「問題が起きたことを聞いたことがない」といった考えがあるのでしょう。そういう意味では、「非公開」の仲間内にとどまっているだけでは問題が起きにくいと思います。しかし、情報がいったん、自分のサークルを越えて公開されると、際限なく広がり、永久にネット上のどこかをさまようことになる点に注意が必要だと思います。

レストランの料理写真

記者をしていたころ、仕事上、公園で犬を撮影したことがあります。そうしたら飼い主らしき人がやってきて、「撮影しないでください。著作権があります」と言うではありませんか。「あのう、わんちゃんに著作権はありませんよ」「いえ、困ります。撮影しないでください」というやりとりをしました。

その飼い主にはペットを撮影されたくない理由があったのだと思います。結局、私も撮影をやめましたが、その飼い主が「著作権」を持ち出してきたのがおもしろいと思っています。もちろん、著作権の問題ではありませんが、「撮影お断り」という時の根拠として、思いついたのが著作権だったのだろうと思います。

本当は著作権の問題ではないのに、こういう例は多いです。

レストランで料理が出てくるたびにスマホで撮影する人がいます。よほど飾り付けがアートのような料理でない限り、著作権の問題ではありませんし、法的な問題は考えにくいと思います。

しかし、現実はどうかと言うと、写真に撮られるのを歓迎する料理人がいる一方で、多くの料理人がこのことに頭を痛めています。遠回しに「撮影お断り」を言われることがあります。小さな注意書きを店内に掲げている店もあります。無粋に見えますが、仕方ないのでしょう。撮影された写真がどんな風に利用されるか分からないので、お店は心配だからです。

「お金を払っている客だ。写真ぐらい撮らせてよ」と言う人がいるかもしれませんが、自分がレストランの経営者や料理人の立場だったら、と考えてみたらどうでしょうか。マナーの問題にもみえます(第1章18ページM)。撮影前にひとこと「いいですか」とお店に声を掛けてみてはどうでしょうか。

力関係が先に?

本来は、著作権の問題ではありませんが、著作権に名を借りた「しないでください」が「疑似著作権」と呼ばれることがあります。弁護士の福井健策さんが『著作権の世紀』(集英社、2010年)という本の中でこの言葉を使い始めました。便利な言葉ですね。

こんな問題もあります。ポスターやコマーシャルなどビジネス目的で、古い神社仏閣を撮影する場合に、建物の主から「撮影お断り。撮るなら申請書を出してください」と言われることがあります。古い建物には著作権はありません。時には敷地外から撮影することすら、「待った」がかかります。

もちろん、敷地の中での「撮影禁止」には正当性があります。他人の敷地の中での振る舞いは敷地の持ち主の管理下にあるからです。入り口付近に「撮影はお断りします」という注意書きがある以上、「撮影しない」という約束で入場が許可されているわけですから。

ところが、神社やお寺によっては、取材陣のヘリコプターやドローンによる空撮に対して注文をつけるところがあります。長年の「しきたり」「慣行」としてメディアに撮影申請することを要請しているケースがあります。メディア側も、その由緒正しいお寺とはもめたくないので、しきたりや慣行に従っているようです。

お寺の言い分を無視すると、法的には問題がなくても、今後、お寺との関係が悪化して、撮影以外の取材に影響が出てきかねないとしたら、メディア側も、お寺の言うことに従ってしまうのですね。いわば、お寺とメディアとの間の「力関係」が見えるように思います。

レストランや神社仏閣から「勝手に撮らないでください。著作権侵害になりますよ」と言われる場合があるように、「著作権」という言葉が、切り札のような役目を果たすことがありますが、実際は、著作権と関係ない場合がほとんどです。このような「疑似」著作権と思われるケースについてふだんの会話で耳にします。割と効力を発揮します。堂々と「著作権がある」と宣言されると、私たちは思考停止になってしまうのかもしれません。

では商業目的でない、修学旅行で撮った金閣寺の写真を卒業アルバムに使う場合はどうでしょうか（第1章17ページ H）。著作権法上は問題ありません。また、寺院が所蔵している著作権の消滅した仏像や書画を写真撮影し、それを出版物に掲載する際に申請が必要な場合があります。寺院の管理下にある歴史的なコンテンツの使用は、管理者の指示に従うべきだと思います。

あなたの肖像権

写真や動画の権利の話をするときに、著作権の話からそれますが、スマホ時代に避けては通れない「肖像権」の話をしておきましょう。私たち全員に関わります。

遠足で撮影した1枚のスナップ写真を想像してみてください。あなたは、4、5人の仲間と一緒に写っています。ところが、あなたはあくびをしたように大口を開けているではありませんか。もしも、この写真が卒業アルバムに掲載されることになったら、あなたは平静ではいられませんよね。「ちょっと待って、その写真、使わないで」と言いたくなります。ここから「肖像権」の問題が始まります。

私たちは、自分の顔や姿を人目にさらしたくないと思うことがあります。また、心の底では、自分が他人の目にどのように映るかについては可能な限り自分でコントロールしたいと願っているのではないでしょうか。だから、人と会うときは、自分の顔や姿を気にします、「どんな服を着ようか」「お化粧をしようか」「ひげをそろうか」と。

この気持ちの先には「私の顔や姿は自分のものだ。みだりに撮影されるのはお断り」という願いに行きつきます。知らないうちに、自分が写っている写真や動画、絵が出回ってしまうと平静でいられなくならないでしょうか。これが「肖像権が侵害された」状態です。

肖像権とは、自分の「姿」や「肖像」が無断で撮影されたり、公開されたりすることを拒否できる権利です。

日本には肖像権法という法律はありません。しかし、憲法第13条の「幸福追求権」の考え方を基に、最高裁の判決(1965年)で「個人の私生活上の自由の一つとして何人もその承諾なしにみだりにその容貌《ようぼう》・姿態《したい》を撮影されない自由を有する」ことが示されています。つまり、皆さんは例外なく「肖像権」という権利を持っていることを保証しています。誰でも「私を勝手に撮影しないで。肖像権がある」と主張できるわけです。

人物写真には、撮影した人の「著作権」と撮影された人の「肖像権」の両方が乗っています。写真を利用するには、この2つの権利をクリアーしないといけません。被写体の数だけ肖像権もありますので、1枚のグループ写真をネット上にアップロードする場合は、写っている人全員の許可が必要です。同時に、写真には撮影した人の「著作権」があるので、撮影者の許可も必要です(8ページ)。

スマホがこれだけ普及していると、気がつかないうちに誰かに撮影されてしまったり、撮影するつもりはない、見知らぬ人の姿が自分の撮った写真に収まることがあります。ふだん、皆さんは、スマホで友人を撮影しては、すぐさまアップしていませんか。その写真が次から次へと転送される状態をちょっと立ち止まって考えてみることも必要かもしれませんね。

◇コラム：「顔が命」の芸能人

芸能人を路上や電車のなかで見つけて思わず写真を撮ってしまったという話をたまに聞きます。その写真の扱いには注意が必要です。芸能人やスポーツ選手にも、私たちと同様に、プライバシーや肖像権があります。アイドルやサッカー選手の顔写真があると、つい見てしまいますよね。彼らが企業のCMに出ると、お客の注目が集まり、商品の販売促進につながる効果があります。つまり、芸能人やスポーツ選手の肖像や名前には「顧客吸引力」があり、お金になる可能性を秘めています。商品やサービスに著名人の肖像を使うことでビジネスができます。この場合の肖像が持つ権利は「パブリシティー権」と呼ばれ、保護される対象となります。芸能プロダクションは、所属するタレントの肖像の扱いに慎重なところが多いです。テレビでよく見かける芸能人でも、ネット上では露出を抑えているケースもあります。「芸能人は顔が命」なので、きちんとコントロールしているのですね。

先生方、会議資料にご用心

学校という場には、著作権に関して落とし穴があり、先生方は注意する必要があります。まず、教育の現場である教室が問題です。学校教育の現場でのコピーについては許可は不要だと第2章で言いましたが、現実の問題として悩ましい点がいくつかあります。

確かに授業で新聞記事をコピーして配布することはよくあります。これは教育現場ですから問題はありません。しかし、教育の目的と言えど、授業内でコピー資料を配るにも「限度」があると法律には明記されています。著作権法の中には、権利を持っている人の利益を

「不当に害する場合はダメ」と書かれているところがポイントです。

市販の問題集やドリルをコピーして授業で配るのは認められません。こうした印刷物は本来、一人ひとりが購入して使用することを目的にして作られているからです。社会科の資料集やワークブック、白地図などもこれに相当します。

また、配布するプリント部数も心配です。一体、何部までならコピーしてよいのでしょうか。私は勤め先の大学で、大教室の授業も受け持っています。例えば書籍を部分的にコピーする場合のことを考えてください。学生数が２００人規模の授業では、さすがに人数分のコピーを用意することをためらってしまいます。仮に私のような教員が全国に何千人かいたとして、毎日のようにこの規模のコピーが行われれば、「売れるはずの本が売れなくなる」事態を招いているのではないでしょうか。

では、限度はどの辺にあるのか、いろんな著作権の先生に「相場」を訊ねてみると、小中高のひとクラスの数ではないか、つまり、30―40人ぐらいじゃないか、という答えが多いです。これとは別で、授業で使った資料や問題などが学校のウェブサイトにアップされているケースもありますが、これも著作権侵害になるかもしれません。

次に、学校であっても、会社と同じように、経営やマネージメントに属する部分がありますよね。ここには「著作権の例外」は及びません。例えば、職員会議や教授会などで、参考資料として書籍や雑誌、新聞記事を無断でコピーして回覧することはできません。学校の理事会、評議員会における配布物に他人の著作物がないかどうか、要注意です。

学校でコピーが認められるのは、授業や教育の一環である学芸会や運動会、入学式や卒業式などに限られます(56ページ)。

保護者会などで印刷物を配布する場合は、教育の現場ではありませんので、記事や書籍のコピーなど、著作権には注意した方がいいです。

教員がフェイスブックやLINEで、生徒や学生とつながっている場合も要注意です。SNS上では非公開の場であっても、学校教育以外の目的で他人の著作物をアップロードすることは問題を含んでいます。

私の失敗

放課後のクラブ活動における楽譜や書籍の複製(コピー)は、意外に落とし穴です。中学や高校のブラスバンド部や合唱部、文芸部で市販の楽譜、書籍をコピーすることは要注意です(第1章17ページC)。必ずしも全員が参加することが義務づけられていないクラブ活動(部活)は、趣味や親睦の課外活動であって、教育目的とみなされません。著作権が及びます。部活は「教育の課程外」である以上、教室での授業とは別物と考えてください。

私は時々、ゲスト講師として企業や団体に招かれます。一度、学校の授業のつもりで、ある新聞に掲載された写真をそのままプロジェクターで投影したことがあります。話しながら気付きましたが、すでに遅し。どうやら著作権侵害をしてしまいました。うっかりしていました。

話をすり替えるようで恐縮ですが、私自身、講演会やセミナー、シンポジウムに聴衆として出席することがあります。そうすると、講師による資料配付やスライド投影では著作権侵害をしているものが多いなと感じます。ほとんどは意識されることなく行われています。

一度、ある講演会に出席した時のことです。ある財界人が、著名な詩人の詩を堂々とそらんじていましたが、詩人の許可を得ている風ではありませんでしたし、自分の講演の中身への引用でもありませんでした。厳密には、詩人の「口述権」(34ページ)の侵害となります。

このような実例を知ると、著作権に関する啓発や教育が不十分であるように感じます。他方で、「そもそも著作権ルールの方がおかしいのでは」という声が聞こえて来そうです。これについては、第6章でお話ししましょう。

ゴーストライターの著作権

少し前に音楽の世界でゴーストライター騒ぎがありました。聴覚障害を克服しながら書いたという作曲家Sさんの交響曲がヒットしている最中に、「あの曲を書いたのは私だ」という別の音楽家Nさんが現れて、騒動になりました。ゴーストライターとは一般的に「誰かのために代作するが、決して表にはでない、名前も顔も出さない、記録にも残らない作者」だと思います。この事件を著作権に引き寄せると、「権利の譲渡」や「誰が著作者なのか」「作曲する行為とは何か」「契約があったのか」など興味深いトピックを含んでいます。

著作権法では、著作物を創作的に表現した人が著作者となり、単にアイデアを出した人は著作者にはなりません(27ページ)。

問題となった交響曲のケースでは、Sさんが「楽曲のアイデア」をNさんに手渡し、Nさんがこれに基づいて作曲し、譜面を書いたことが報道されました。これが本当だとして、法律に当てはめると、アイデアには著作権が適用されないため、Nさんこそが「著作者の地位」にあります。Sさんを著作者と認定することは難しいのです。

つまり、Nさんは楽曲を作った時点で著作者となり、曲にまつわるすべての権利を保持しますが、暗黙の約束により、Sさんに著作権が譲渡されたと考えられます。書面を取り交わさなくても、両者の間で10数年もの間、法的な紛争が無かったことを考えると、仕事上の口約束、つまり、ゴーストライターの契約が事実上存在していたとも言えそうです。

その際、「作品の独占権をSが持つ」「Sの名前で公表する」などが中心的な内容になるでしょう。前提として「契約の守秘義務が不可欠」ではないでしょうか、何せゴーストなのですから。表に出ないことを了解していたNさんには、Sさんとの長年の仕事の関係においてやむにやまれぬ事情があったように思いますが、真相は第三者にはなかなか分かりにくいですね。

もっとも、ポップス系作曲家の友人によると、Sさんのようなケースは特段珍しいことでもないと言います。売れっ子の作曲家ともなると、きちんと譜面を書く余裕がないので、コンセプト(アイデア)を聞いたアシスタントが大方の作業をした後、作曲家が最終チェックをし、作曲家の名前で世に出すことがあるそうです。マンガ制作の現場にも同じような事情があります。マンガ家が指示を与えて弟子に制作させることはよくあると聞きます。

私は大学院の学生時代に、翻訳のアルバイトをしていた時期があります。ある時、出版社から依頼を受け、アメリカのビジネス書の翻訳を2、3人で分担し、日本語版を作ったことがありました。本は著名なエコノミストが翻訳したことになっていました。私たちの名前は表に出ないけれど、自分の文章がお金にもなったので、達成感もありました。

「しかし」と思います。自分の名前がどこにも出ないのに、実質的に翻訳をしていないエコノミストの名前が堂々と著者名と一緒に並んでいる状態を見るのは、おもしろくありません。あとがきかどこかに実際の翻訳者の名前を出してほしかったです。

ところで、ゴースト(幽霊)というのは、この世にいないことになっています。比喩的であれ、そういうものを認めた上での「契約」というものが法の精神にかなっているのかどうか、実は疑問です。もしかして、「ゴーストライター契約」というものは、著作者人格権(38ページ)の見方からすれば、あってはならないものかもしれません。

皆さんはこの問題をどう考えますか。

◇コラム：海賊版とは

海賊版とは、作者の知らないうちに作られた不正なコピー商品のことを指します。代表例としては、音楽やゲームソフト、映画、小説などの違法コピーがあります。海賊版の多くはアジア地域で作られているようですが、国によって取り締まり方が違うので、侵害行為をなかなか追放できません。２０１６年のヒット映画《君の名は。》では、本物のＤＶＤ版が発売される前に、海賊版が先に作られ、中国で売られていたという仰天するような事件がありました。

時々、「海賊版のおかげで知名度が増す。それからビジネス展開すればよい」とプラスの評価をする人もいます。また、中国のような広大な国では正規品のショップが少なく、本物を買おうにも、海賊版に頼らざるを得ない人もいると聞きます。海賊版をこの世からなくすには、幅広い対策が必要なようです。

第4章

コピーと創造性

「見たことのないもの」を創れるか

競争の激しいファッション界は、模倣が横行する世界でもあります。世界のファッションデザイナーは毎年2月から3月に行われる米国映画界で最大のイベントであるアカデミー賞の授賞式に注目します。有名女優が身にまとう最高級のドレスを自分のデザインに取り入れたいからです。スターが赤いじゅうたんの上を歩いて会場入りする様子はまるでファッションショーのようです。各国のファッションデザイナーは、女優が着用しているドレスをスケッチブックに写し取り、これを受けてドレスの型紙が作られます。「普及版」を大量販売するアパレル企業があるのです。

その普及版には市場がちゃんと待っています。米国では5月から6月は高校や大学の卒業式シーズン。大人の仲間入りをするためのパーティーがあちこちで開催されます。その時に、女優が着ていたドレスとそっくりの服を着用するというわけです。

模倣がファッションを支える

ところで、ファッション、つまり服装のデザインに著作権は及ぶのでしょうか。答えは「ノー」です。衣服であるファッション製品は通常は、実用品とみなされ、著作権では保護されません。有名ブランドのドレスやスーツはコピー商品のターゲットとなります。パリやミラノ、ニューヨークのコレクションで公開されたデザインは模倣される運命にありますが、高級服となると、材質や質感までコピーすることが難しいせいか、あるいは、ファッションサイクル（流行の賞味期間）が短すぎるために、著作権など法律によるコピー防止策がなくても、商品価値を維持しながら、ビジネスを回すことができます。

とはいえ、トップデザイナーともなれば、自分のデザインが世界中で模倣されることを知っているので、「流行の鮮度」を意識しながら常に新しいものを作り続けなければなりません。デザイナー同士がひそかに模倣し合う局面もあると聞きます。苛烈な世界ですね。

理由はどうあれ、模倣されたり、コピーされたりすることが前提でありながら、アパレル関係者は新しいものを作り続けているると言えるでしょう。いろんな模倣が作られ、消費者である私たちも模倣された商品を受け入れることで、流行が作られていると言えそうです。そうだとすると、ファッションのトレンドやビジネスは、模倣する人や模倣されたものを買う人が支えているのではないでしょうか。

そこで、本章では、模倣やコピーを肯定的に捉える角度から、私たちの創作活動について考えてみましょう。

著作権ルールが発達していなかったころに、模倣が繰り返し行われ、文化の発展に寄与していた例が見られます。音楽におけるモーツァルト、文芸におけるシェイクスピア、美術の分野のレオナルド・ダ・ヴィンチなど誰もが知る大家の作品を例に、模倣が新たな作品のスタートになる実例を見ていきたいと思います。

著作権が及ばない例として、すでに「かつ丼」を見ましたが（28ページ）、あなたの街のある店では、他店を模倣しながら、おいしいかつ丼が日夜開発されているかもしれません。

モーツァルトは模倣の天才？

著作権という概念が希薄だったころには、どのような創作活動が行われていたのでしょうか。まず、音楽の世界を見ましょう。作曲家が先人の作品を模倣するケースです。21世紀の今では、同時代の人の作品を模したまま表現することは難しいです。著作権ルール上、「あってはならぬこと」という抑制がはたらきますが、現在のような著作権の概念がなかった時代には模倣行為は珍しくありませんでした。

「天才」の代名詞の筆頭に挙げられ、苦労しなくても次から次へと作品を紡ぎ出したように思われるヴォルフガング・アマデウス・モーツァルト（１７５６－１７９１）は、既存の作品を模倣した作品を残しています。

例えば、彼の作品の中でも最高傑作のひとつと言われる《レクイエム　ニ短調》（死者のためのミサ曲）がそれです。この曲を書くためにモーツァルトは、自分の師匠にあたるミヒャエル・ハイドン（１７３７－１８０６）が作った《レクイエム　ハ短調》を下敷きにしました。ミヒャエルは、「交響曲の父」と呼ばれる有名なヨゼフ・ハイドン（１７３２－１８０９）の弟に当たります。

ミヒャエルが《レクイエム》を書いたのは１７７１年。その20年後にモーツァルトは自作のレクイエムの作曲に着手しました。残念ながら未完のままモーツァルトは亡くなります（現在、ＣＤや演奏会で普通に取り上げられるのは、後生の人が補筆した版であることが多いです）。未完にもかかわらず、名曲の誉れ高く、今でも繰り返し演奏されるモーツァルトの《レクイエム》には、ミヒャエル作品に依拠した痕跡があちこちに残っています。

『天才の勉強術』（木原武一著、新潮選書、１９９４年）という本でこのことを知りました。ミヒャエルのＬＰレコードを探し当てて試聴しました。驚きました。「そっくりだ。モーツァルトは明らかに先人の作品を模倣した」という印象を持ちました。モーツァルトはミヒャエルの作品を下敷きにして、自作を書いたらしいというのは、研究者の間で周知であることもその時知りました。モーツァルトは父のレオポルトが親しくしていたミヒャエルとも面識があり、３人で一緒に仕事をしたり、作曲活動においては、共作したりすることもあれば、代作して名前を貸すこともあったことが記録に残っているそうです。

さて、作品としての出来はどうでしょうか。両者を比べると、モーツァルトの作品の方が、ミヒャエルの作品よりも、メリハリがはっきりしていて分かりやすい上に、劇的に書かれています。そのためか、今日、ミヒャエルの《レクイエム》はあまり演奏されませんが、モーツァルトの《レクイエム》はあらゆる指揮者がチャレンジします。

奇妙なことに、レクイエムは本来、死者を弔うために書かれたミサ曲（カトリック教会の典礼曲)なのに、ミサや宗教儀式と関係なく、コンサートにかかります。モーツァルト作品の中でも人気曲と言って良いでしょう。

モーツァルトの生きた時代には今のような著作権の考え方はありませんでした。教会や宮廷にはおかかえの作曲家がいて、彼らは、ミサや晩餐会《ばんさんかい》、祝賀会、典礼儀式などのイベントに付随する「音楽による飾り」を作る人というような存在であったと考えられます。オペラ以外の音楽は、イベントのBGMに過ぎず、ベートーヴェンの少し前のハイドンやモーツァルトの時代では、音楽家は王侯貴族や教会に身分を保障してもらっていました。音楽家の地位は低く、モーツァルトでさえ食事を取るときは貴族とは別の台所でした。今日のサラリーマンのように、作曲家は、上司の命令を受けて曲を作る仕事をルーティンにしていたと考えると、理解しやすいかもしれません。この意味で、芸術家というよりは、職人に近かったのではないでしょうか。音楽家が芸術家として自己主張をするのは、次の時代のベートーヴェンを待たなければなりません。

重要なことは、モーツァルトの《レクイエム》は、ミヒャエル・ハイドンの作品がなければこの世に存在しなかっただろうという点にあります。名曲の誕生には、先行する作品の存在があったということですね。

ピアノで聴く《運命交響曲》

もうひとつ、模倣行為が「世界の名曲」を誕生させた例を見てみましょう。模倣とはここでは編曲を指します。編曲は現在の著作権法の「翻案権」の対象となります。

皆さんは、ベートーヴェン(1770―1827)が書いた9つの交響曲に「ピアノ版」があることをご存じでしょうか。私は子供のころからベートーヴェンの音楽、ことに交響曲を聴くのが好きでしたが、いつも疑問に思っていることがありました。ベートーヴェン時代には、オーディオ装置もなければ、インターネットもありません。それ以前に、交響曲という数十人もの人が舞台に上がって合奏するというスタイルが未だ十分に確立されていませんでした。しかし、なぜ、彼のオーケストラ曲が同時代の人に広範囲に伝えられ受け入れられたのか、不思議でした。

ところがある時、グレン・グールドというカナダのピアニストによるピアノ版の《第5交響曲》(日本では《運命》と呼ばれます)を知って、謎が解けた気がしました。このピアノ版は、ピアノの巨匠フランツ・リスト（１８１１—１８８６）が、１８３７年ごろに編曲したそうです。リストは、《ラ・カンパネラ》や《愛の夢》というポピュラーな曲も書いた人ですが、ピアニストとしての腕前は他の人の追随《ついずい》を許さなかった「鍵盤の巨匠」でもあります。リストは１人のピアニストが10本の指で《運命》を再現できるように、ベートーヴェンの総譜をピアノ用に編曲したのです。編曲の仕方は素晴らしく、有名な「ダ、ダダダーン」というモチーフが忠実に第１楽章から第４楽章までオーケストラ版と同じように盛り込まれています。いえ、この音楽の聞かせどころはほとんど全部、このピアノ版に盛り込まれていると言ってよいほどです。今の時代なら、「翻案権」の侵害になりそうです。

《運命》だけでなく、リストは、ベートーヴェンの９つの交響曲を全部、ピアノ編曲しています。合唱が入った《第９交響曲》も、ピアノ１台で演奏できるようになっており、オーケストラ版になじんだ人が聞いても楽しいと思います。

オーディオ装置がなかった時代に

リストによるこのようなピアノ版が、ベートーヴェンの音楽の普及に強い後押しとなったことは間違いありません。ベートーヴェンが活躍したころはすでに、王侯や貴族に代わって市民が徐々に力を持ち始めていましたが、チケットを買って音楽を聴きに行くという今のようなコンサート形式は十分には整っていませんでした。オーディオ装置のない時代に、ひとりの人が一生のうちに同じ交響曲を繰り返し聴くことはかなり難しかったでしょう。しかし、ピアノを弾く人は多かったでしょうし、印刷された楽譜が欧州で流通していた時代ですから、リスト編曲のピアノ版の楽譜を手に入れることはそう難しいことではありませんでした。リストは、ピアノの詩人と呼ばれたショパン(1810−1849)より1歳若いだけなので、音楽の世界には「ピアノの時代」が訪れていたことも容易に想像できます。後述する、ピアノ作曲で有名なシューマン(1810−1856)はショパンと同い年です。

このような音楽状況のもとで、各地でオーケストラが結成されるまでの間、あるいは音響装置やラジオが歴史に登場するまでの間、9つの交響曲のピアノ版が普及していたのではないでしょうか。

リストのピアノ編曲が、他の作曲家の作品を「世に出した」もっと明白な例もあります。それは、やはり同時代のフランスの作曲家ベルリオーズ(1803−1869)の作品です。

代表作《幻想交響曲》のリストによるピアノ編曲は重要です。オリジナルのオーケストラ版の《幻想》が初演されたのは１８３０年ですが、オーケストラ用の楽譜が出版されたのは15年後の１８４５年です。しかし、ベルリオーズと親交のあったリストは早々と総譜を入手し、１８３４年にピアノ譜を出版し、自らピアノ演奏しました。同時代の作曲家で音楽批評家のシューマンはオーケストラの総譜でなく、リストによるピアノ譜を基に詳細な音楽評論を書いています（シューマン著、吉田秀和訳『音楽と音楽家』岩波文庫、１９５８年）。

当時の音楽界の事情を知ると、たくさんの奏者を必要とする大がかりな交響曲が一般に受け入れられるために、ピアノの名手リストのような人の「編曲」（翻案）が果たした役割はとても大きいと思います。

鉛を金に変えた錬金術師

次に文芸の世界にも目を向けてみましょう。シェイクスピア（１５６４―１６１６）のほとんどすべての作品には先行作品があり、シェイクスピアは既存の作品に依拠しながら大作を残しています。例えば、《ロミオとジュリエット》。シェイクスピアがこの戯曲を書いて初演したのは、1595年ごろだそうです。その約30年前に、アーサー・ブルックという人が物語詩《ロミウスとジュリエットの悲しい物語》(1562年)という作品を著しています。シェイクスピアはブルックの作品を戯曲に仕立て直したのでした。

仲違いしている2つの家の若い男女が禁断の恋をし、密会を遂げる寸前で手違いが起き、あの世で結ばれるという愛と死のストーリーは同じです。調べてみるとブルックの前にも、イタリアの作家バンデルロの散文(イタリア語)があり、これがフランス語に訳されたものをブルックが長編詩に置き換えたらしいのです。

物語が何度も模倣されて作品が作られるのですね。

ただ、シェイクスピアは自分が依拠した作品にかなり大胆な改作を行っています。例えば、ブルック作品では、ロミウス(ロミオ)とジュリエットが出会ってから、ふたりがあの世に旅立つまで約9カ月の悲劇なのですが、シェイクスピアは、これをわずか4、5日に圧縮しています。悲劇に向かって突っ走り、観客のハートをぎゅっと捉えることに成功しています。

また、シェイクスピアはブルック作品のクライマックスが冬だったのを夏に置き換えました。「なぜあなたはロミオなの」とジュリエットが告げる有名なバルコニーのシーンが映えるように仕組んだわけです。

この大胆な改作について、東北学院大学の下館和巳教授は『東北のジュリエット』(河北新報出版センター、２０１６年)の中で、シェイクスピアは「鉛を金に変える錬金術師であったと言わざるを得ません」と書いています(同書30ページ)。

シェイクスピアは「盗作野郎」？

実は、ブルックの前にも、《ロミオとジュリエット》の物語はもっと昔にさかのぼることができます。古代ローマ時代のオウィディウスという詩人が残した《ピュラモスとティズベー》がそれです(中村善也訳『変身物語』岩波文庫、１９８１年)。物語のエッセンスは変わりません。

《マクベス》《リア王》《ハムレット》などシェイクスピアのほとんどの作品には、彼が模倣した既存の作品があることが分かっています。４大悲劇のひとつ《リア王》には、同時代に「レア王とその三人娘の実録年代記」という「オリジナル」が存在していました。大胆にも、シェイクスピアはどの作品も、登場人物の名前をほとんどそのまま使っているありさまで、

「種本があります」と公表しているようなものです。著作権という概念のなかった時代の文化活動だったのだと読み取れます。先行作品を真似ることについて、戯曲を書く人もまわりの人も抵抗があまりなかったのではないでしょうか。ただ、下館氏に聞いてみると、当時すでにシェイクスピアは同業他者から「盗作野郎」と言われていたそうです。著作権の概念が弱い時代であってもこころよく思わなかった人がいたのでしょうか。

今なお、シェイクスピア作品は圧倒的な人気を誇りますが、彼が書いた戯曲に忠実に演じられる場合もあれば、大胆に改変される場合もあります。

《ロミオとジュリエット》が20世紀に成功した翻案例として、ミュージカル《ウエストサイド物語》があります。2つの対立する非行少年グループの抗争の狭間で繰り広げられる男女の悲劇として映画化されました。指揮者のレナード・バーンスタインが担当した音楽が本当に素晴らしいせいもあり、今ではミュージカル映画の古典となりました。

これまで一体、何本の映画版《ロミオとジュリエット》が作られたことでしょうか。オペラの演出家としても著名なフランコ・ゼッフィレッリが監督し、オリビア・ハッセーがジュリエットを演じた作品(1968年)はテーマ曲とともに世界的にヒットしました。日本でも、高校や大学の演劇部だけでなく、プロやアマチュア劇団が《ロミオとジュリエット》を盛んに取り上げます。私は長澤まさみさんがジュリエット役を演じる現代版《ロミオとジュリエット》をテレビで見たことがあります。舞台を現代の日本に移したこのドラマで、長澤さんは、殺人容疑の男を追いかける刑事の娘を演じます。犯人の息子が、長澤さんの恋人（ロミオ役）であるという設定でした。禁断の恋を成就《じょうじゅ》させるため仲介役が登場したり、計略が巡らされる点はきちんと押さえられていました。

喜劇版《ロミオとジュリエット》も観たことがあります。主人公の2人が最後に息を吹き返し、仲違いしていたキャプレット家とモンタギュー家も仲良くなって、めでたしめでたしの大団円で終わるのです。これはこれで十分に楽しめました。

時代や社会の違いに応じて、それぞれの《ロミオとジュリエット》が作られるのには理由があります。克服すべき困難な状況を持った恋物語は普遍性が高いためです。誰もがロミオに、誰もがジュリエットに自己を投影するのかもしれません。私たちは、自分自身にフィットする、自分たちの時代や社会にフィットする《ロミオとジュリエット》を必要とするのでしょう。そう考えると、この作品へのニーズが消えることはありません。今後も多様に改作され続けるに違いありません。

《モナ・リザ》に口ひげを加えた

模倣やコピーが最も取りざたされやすい分野は、美術の世界だと思います。「似ている」「似ていない」が分かりやすいからです。一目して明らかです。

そもそも、絵を描く訓練として、網膜に映ったものを紙やキャンバス上に再現するスケッチやデッサンという行為そのものがコピーする行為です。「デッサンがしっかりしている」という言葉は画家を誉める際の賛辞ですが、画家が風景や人物、静物を見ながら描く行為はまさしく、外界を模倣していると言えます。

模倣がいかに新たな作品を生むかという模倣の積極的な価値について、美術の世界に目を向けましょう。西洋美術史で学ぶ有名な例を挙げます。

レオナルド・ダ・ヴィンチの《モナ・リザ》は、「世界の名画」として、西洋絵画の中で圧倒的な位置づけを誇《ほこ》っています。テラスで椅子に座った貴婦人の肖像に過ぎない《モナ・リザ》は、「謎の微笑」で知られ、美術ファンであろうがなかろうが多くの人を惹《ひ》きつけます。

西洋美術史上、最も有名な絵画となりました。展示されているルーブル美術館の《モナ・リザ》の部屋では人だかりが激しく、スマートフォンやカメラを手にした見物客が特別なガラスケースに収められた「世界の名画」を取り囲んでいます。いつ行っても、ちょっとした興奮状態にあります。

縦77センチ、横53センチのポプラ板に描かれた《モナ・リザ》は、１５０３年から０６年ごろに制作に着手されたと言われます(石鍋真澄監修『ルネサンス美術館』小学館、２００８年)。レオナルドはこの絵を手放すことはなく、晩年においても筆を入れ続けたそうです。当時は公開されていたわけではなく、彼の取り巻きやパトロンだけが見る機会を得ました。

ルネサンス美術が最も華やかに開花した時期を「盛期ルネサンス」と呼ぶことがありますが、レオナルド(１４５２－１５１９)、ミケランジェロ(１４７５－１５６４)、ラファエロ(１４８３－１５２０)の３人の巨匠が筆頭に挙げられます。

私が高校生のころ、ＮＨＫで《レオナルド・ダ・ヴィンチの生涯》というイタリア制作のドキュメンタリー風のドラマを見ました。その中で、若いラファエロがレオナルドのアトリエを訪ねる場面がありました。ラファエロが、制作途中の《モナ・リザ》を見て感動のあまり、

マッダレーナ・ドーニの肖像(1506年ごろ)

モナ・リザ(1503-06年に制作開始)

4点いずれも写真提供はBridgeman Images/時事通信フォト

涙とともに立ち尽くすシーンが印象的でした。実際、ラファエロはレオナルドを何度か訪ねています。《モナ・リザ》に影響を受け、《マッダレーナ・ドーニの肖像》(写真参照)を描きます(1506年ごろ)。筆が早かったラファエロは、《モナ・リザ》とほとんど同時期に制作したことが分かります。2つの絵を比べると、《マッダレーナ》の肘掛けに手を組むポーズをレオナルドから学んでいることがよく分かると思います。

さて、時代が360年ほどくだったフランスで、画家コロー(1796―1875)が、《モナ・リザ》と《マッダレー

ひげのモナリザ(L.H.O.O.Q.)(1919年ごろ)@Succession Marcel Duchamp/ADAGP, Paris & JASPAR, Tokyo, 2017

真珠の女(1868年ごろ)

ナ・ドーニの肖像》とそっくりの構図の《真珠の女》(写真参照)を描きます。

《モナ・リザ》が保管されていたルーブル城(ルーブル宮殿)が正式に美術館として開館するのは、フランス革命さなかの1793年です。レオナルドの絵が、多くの画家の目に触れるようになった1830年代以降のことです。以来、いろんな画家が《モナ・リザ》の模倣を始めました。コローの《真珠の女》はその中の1つです。2つを並べてみると、コローもレオナルドの手法をそっくり取り入れたことがよく分かります。

以後、《モナ・リザ》は多くの画家によ

って模写され、模倣され、パロディーの対象になりました。最も有名なパロディーは、20世紀美術に大きな影響を与えたフランスのマルセル・デュシャン(1887−1968)によるもので、《モナ・リザ》の顔に落書きのように口ひげをつけました(写真参照)。《モナ・リザ》は多様な模倣やコピーを許容することで、さらに多くの人に知られるようになりました。21世紀になって、なお、模倣され、模写されることで、原作の知名度が増すばかりです。時代や地域によって、それぞれに新しい《モナ・リザ》を持つのは私たちの視覚的な喜びに貢献していると思います。

この章では、音楽、美術、文芸について、作品がいかに模倣(コピー)されてきたかを考えています。また、その前に、ファッションの世界では、模倣が日常的に行われていることにも注目しました。そうして分かったことは、先行作品が模倣されることで新たな作品が生まれ、結果として豊かな作品群を私たちが得ている事実です。ファッションの分野では、激しい競争の中で模倣されても新しいものを作り続けることに価値があります。《レクイエム》のケースでは、ミヒャエルの作品がなかったらモーツァルトの《レクイエム》はできなかったし、先行作品に依拠したシェイクスピアの作品は、今なお、繰り返し翻案され、新たな創作を生んでいます。絵画の世界に目をやると、レオナルドの《モナ・リザ》から、地域や時代を異にする他の画家が、素晴らしい作品を制作しています。

創作は模倣から

音楽、文芸、美術の世界で、ほんのわずかな例を見ただけですが、先行作品を改変させながら新しいものを生む行為は無数にあることは容易に想像できそうです。私たちは、模倣（コピー）のおかげで、豊かな世界を味わえるのではないでしょうか。模倣を肯定的に捉え、模倣の積極的価値について整理してみましょう。大きく3点を考えてみました。

第1に、私たちが学ぶ行為は真似る行為に根ざします。「学ぶ」の語源は「真似る」だという説がありますよね。

私たちは、言葉、歌い方、書き方、描き方、踊り方、しぐさ、ポーズなど、どうやって習得したでしょうか。周囲の大人が、私たちに繰り返し話し掛けたり、子守歌を歌ったり、散歩に連れて外を見せたりすることで、言葉や歌、さまざまな表現を覚えます。両親、兄弟姉妹、学校の先生、クラスの仲間、近所のおじさん、おばさん、このような人間関係から、言葉や情報だけでなく、さまざまな作法や表現を学びます。今ではテレビやネットの影響も大きいですね。

教育現場では、複製することがもっと組織的に求められます。国語や算数、理科、社会の教科はもちろん、体育や音楽の時間も先生が示したものをそっくり受け入れ、教科書に書かれていることや先生が言ったことを真似なければなりません。

模倣が最もはっきりした形で求められるのは習字の時間ではないでしょうか。ひたすらお手本を忠実に真似ることが求められ、お手本に近ければ近いほど高い点が得られます。

スポーツの世界でも同じです。人がいきなり一流の選手になるわけでなく、最初は先生や先輩を模倣します。オリンピックの金メダリストや大会で優勝する人に限らず、好成績を出す人には必ず、ひたすら模倣する時期があります。オリンピック中継を見ていると分かりますが、選手には必ずコーチがいます。スポーツの世界で自分勝手に練習をして世界の頂点を極めることは難しいことを物語っています。

芸術の世界を見ると、天才と言われるレオナルドにはヴェロッキオという先生がいましたし、モーツァルトはお父さんのレオポルトにスパルタ的とも言える英才教育を受けたことが知られています。ベートーヴェンも宮廷音楽家の父から手ほどきを得たほか、ネーフェという先生から音楽技法を学び、決定的な影響を受けました。

実際、芸術や学問、スポーツの世界を詳しくみると、模倣すべき先生を持たないまま大家になることは難しいのかなと感じます。その道で大成するには良き先生や師匠との出会いが必須なのかもしれません。しかし、「自分は良い先生に会えなかったから、才能の花が開かなかった」と思うのは間違いかもしれません。先生にとって自分が良き生徒でないと、せっかくの指導も伝わりません。これまた余談ですが、私自身の反省は、良き先生がいたかもしれないのに、自分が良き生徒でなかったということです。

それはともかく、仮に皆さんが、何かの分野で一流の人間になりたいと感じたら、まずすべきは、良いお手本に学び、それに到達するように努力することが近道なのかもしれません。学問や芸術、スポーツの世界で「王道はない」と言われますが、お手本に近づく、つまり、お手本を模倣することが、結局のところ「王道」なのでしょう。その意味で、模倣することの価値を強調しておきたいと思います。

コピーなしでは生きられない

第2に、「模倣」はコンテンツ(作品)の伝達力を高めます。模倣が、コンテンツの価値を高め、コンテンツを遠くへ届けるパワーを与えます。皆さんは、ピラミッドやスフィンクスを知っていますよね。でも、実物をその目で見たことがありますか。先ほどのレオナルドの《モナ・リザ》はどうでしょうか。モーツァルトやベートーヴェンの音楽もメディアを通して聴くことがほとんどです。オーケストラやピアノの実演を聴く機会があったとしても、作曲家は亡くなっており、コピーされた楽譜を使っています。

望遠鏡で「土星の環」を見たことがありますか。「海の中を泳ぐサメ」を見たことがありますか。「日本の首相」や「米国の大統領」の実物を見たことがありますか。オードリー・ヘップバーンやマリリン・モンローはどうでしょう?

今言ったすべてを、皆さんはまず、写真や動画、イラストで、つまりコピーを介在して、知るのではないでしょうか。本物を見るのはその後であるケースがほとんどではありませんか。写真も動画も、映画、書籍も音楽CDもすべて何かの複製です。

下手すると、私たちの多くは、これらについて本物を見ないままこの世を去っていくかもしれません。オードリーやモンローの場合で言えば、彼らはすでに物故者ですので、決して本物に接することはできません。私たちの生活や人生は、コピーでできている部分が意外に大きな部分を占めています。

ネットやSNS、テレビや新聞が生活のすみずみにまで行き届いている社会で生きていると、私たちは模倣なしでは1日も回らないことに気付きます。ネットで見る文章や写真、動画などのコンテンツは誰かが作り、私たちが読んだり、見たりしますが、この時点で、私たちの目に触れるのはコピー（複製物）ではありませんか。実物は、「模倣」や「コピー」という乗り物に乗って、時空を超えて動き回っているようです。

◆コラム：レプリカが大活躍

《フェリーニのローマ》（1972年）という映画があります。この中で、フェリーニ監督はローマの地下に埋もれていた壁画のはかなさを描きました。地下鉄の掘削現場で見つかった壁画が、外気に当たったとたんに消えていくのです。文化遺産の保存と公開は頭の痛い問題です。日本でも極彩色壁画で知られる「キトラ古墳壁画」(奈良県明日香村)のように、人が近づくことで問題を生んでいます。

この問題を解決する有力な方法がコピーです。一例としてフランスの「ラスコー洞穴壁画」があります。躍動する牛や馬などを描いた2万年前の壁画は1940年に見つかりました。見学者が訪れたため劣化が進み、今では、研究者ですらめったに入ることができません。代わりに活躍するのはレプリカです。1983年、近接地に「ラスコー2」と呼ばれる本物そっくりに再現された洞窟と壁画のレプリカ施設が作られました。世界各地から観光客が増え続けるため、2016年「ラスコー4」が完成しました。レプリカは「原作者が行うコピー」や模造品」を意味します。つまり、公式のコピーです。

岩下志麻さんのリアル

第3に、「模倣が本物を越える」場合があります。模倣が繰り返されているうちに本物以上の価値を持つという現象です。模倣が社会に溶け込むと、それが「流行」となって、大きなパワーを持つ場合があります。

私たちは、コピーすること、誰かの真似をすることが習性になっています。言葉を習得する時に、ひたすら親やまわりの人の言っていることを繰り返す行為が身に染みついているからなのかも分かりませんが、ある人の話し方や身ぶり、ファッションが伝染するかのように自分に乗り移ることはよくあることです。ここで、おもしろいことが起きます。私たちがあるものを模倣すると、他の人がそれを模倣し、これが繰り返し行われて、結果として多様な展開と広がりを得ることになります。

映画《極道の妻たち》シリーズの姉御《あねご》役で有名な女優の岩下志麻さんがおもしろいことを言っていました(ＴＢＳ系列『サワコの朝』２０１６年４月放送)。このシリーズがヒットしていたころ、新幹線に乗ると「よく本物(の姉御)の人に挨拶された」のだそうです。相手は、岩下さんが映画の中で演じた姉御役と同じような着物姿、同じような髪型で同じようなサングラス姿です。

岩下さんは演技の一環として、自分で髪型やサングラス、着物やその着付けを選ぶのですが、本物の姉御が「姉御を演じた女優」のファッションを取り入れるのです。本物がフィクション(映画)を真似るのですね。

こういう現象をどう考えたらよいのでしょうか。極道の人たちが、極道ものの映画を見て、真似る。学園もののドラマ（フィクション）を本物の先生が真似る。あるいは法廷もののドラマを見て、本物の弁護士がそれを真似るということもあるかもしれませんね。私たちの暮らしの細部には、ドラマや映画で見たものが取り入れられているのかもしれません。オリジナルとフィクションが合わせ鏡のようになって、お互いがお互いを映しながら、結果として、模倣が本物を越えるのでしょうか。流行とは、そのように作られるのでしょうか。

以上、3つの点で、私たちが、この世に生まれてから育つ過程で、そして日々の暮らしの中で、いかにコピーが幅を利かせているかを見ました。

ここで、皆さんはこう思うかもしれません。「模倣の価値は分かりました。しかし、模倣ばかりしていると創造できないじゃありませんか」「お互いがお互いを映しているだけでは、画期的なものは生まれて来ないではないか」「誰も見たことのない創造的な作品は模倣からは生まれない」と。そこで、模倣（コピー）と創造の関係ついてみてみましょう。

「見たことのないもの」を作れるか

「創造的であれ」「物真似はするな」と人が言うとき、「自分たちが見たことのないものを作る」ことをイメージしていると思います。そこで、「見たことも聞いたこともないもの」とは何か、を考えてみましょう。

「見たことのないもの」「聞いたことのないもの」と聞いて、皆さんは何を想像しますか。「見たことがない」のだから、難しいですね。「この世にないもの」を見るというのは言葉の矛盾のようにも聞こえます。しかし、先人は私たちが、あっと驚くような「この世のものでない」空想の動物や物体を表してきました。

台北・龍山寺（筆者撮影）

私は空想の動物の筆頭に「龍」を挙げます。龍は想像上の動物としては傑出しています。蛇のようなウロコでおおわれたボディを持ちます。4本か5本の指を持った手足があり、頭には2本の角と耳があり、口ひげを持ちます。普段は地中や水中に住みます。空に駆け上がると風雲が巻き起こり、天変地異をもたらすという他を圧倒する動物です。

中国ではめでたい存在として天子になぞらえたりもします。

誰が最初に考えたのか分かりませんが、天地の間にある最強の動物ですね。西洋にも「ドラゴン」という龍に似た想像上の動物がいます。

龍のほかに、天上界に住むというペガサス(天馬)や麒麟《きりん》、鳳凰《ほうおう》(火の鳥)もそうですね。

日本で身近な想像上のキャラクターは「天狗《てんぐ》」や「鬼」「河童《かっぱ》」でしょうか。誰もが知っていますが、実際に見た人はいないと思います。昭和の時代には「ゴジラ」をはじめとするさまざまな「怪獣」が作られました。平成の世の「ポケモン」や「妖怪ウォッチ」もそうですね。

西洋絵画の歴史では、「天使」ほどたくさん描かれた想像上の存在はありません。絵画史の主要テーマだったと言って良いでしょう。

「天使を連れてきてほしい」

よく見ると、これらの空想上の生物や存在には共通点があります。それは、実際に存在する動物や物体のパーツを組み合わせて作られているという点です。

龍は、いくつかの爬虫類《はちゅうるい》動物が組み合わさっています。ペガサスは馬に翼がつけられています。天使は人間に羽根をつけたものとして描かれ、河童は人間に魚類や他の動物の要素が備わっています。手塚治虫が描いた「火の鳥」(フェニックス)も、鶏やクジャク、その他の動物の要素が組み合わさっています。

見たことのない「おどろおどろしいもの」「神聖なもの」「こっけいなもの」は実は、私たちに身近な素材の大胆な組み合わせなのかもしれません。古今東西において、最もすぐれたアートの巨匠ですら、「私たちが見たことのない何か」を提示することがこれほど困難なのも分かると思います。

これは未来を描くSF作家の悩みどころでもあります。今から約50年前、映画監督のスタンリー・キューブリックが《2001年宇宙の旅》という映画を作ろうと思い立った時の話です。SF小説家アーサー・C・クラークが書いた原作では、知能を持ったコンピューター「HAL9000」が人間に反抗します。キューブリックは、HALをフィルムの中でどう描けば良いか途方にくれたそうです。俳優に演じてもらうのか、何か機械を登場させるのか、あるいはそういう具体的な形を取らない声だけの出演になるのか。難しいですね。答えはどうだったか？　言わない方が良いかもしれません。映画を観てくださいね。

ところで19世紀半ばに、このような想像上の存在を描くことにはっきりとした異論を表明したのが、画家のクールベ(1819—1877)です。「眼に見えるものしか描かない」ことを信条にしたこの写実主義の巨匠にはこんなエピソードがあります。ある人から「天使を描いてくれ」と頼まれ、「それなら天使を連れてきてほしい」と答えたと言います(高階秀爾著『名画を見る眼』岩波新書、1969年、「クールベ」の章)。

「無から有」はあるか

「見たことのないものを作る」というのは、「無から有を作る」ことに通じるように思います。しかし、それは可能なのでしょうか。

仮にあなたが、小説を書くとします。「無から有」の形で、物語を書くことが可能でしょうか。著名な小説や戯曲のことを思い描いてください。それは既存の事件や筋書き、台詞や言い回しの巧妙な組み合わせで、できているかもしれません。近松門左衛門は、実際に起きた事件をもとに《曽根崎心中》《心中天の網島》を書いたことはよく知られています。シェイクスピアは先行作品に依存したことはすでに書きました。そんなに古い例を持ち出さなくても、現代の作家も似た状況にあるのではないでしょうか。

音楽の場合はどうでしょうか。無から作ることができるでしょうか。言葉を理解する前から聞かされた子守歌は私たちの無意識に潜んでいるに違いありません。さらに音楽史や和声学、旋律論、作曲法を身につけるうちに先人が私たちに乗り移るかもしれません。ゼロから何かを作ることは不可能ではないかという考えに導かれそうです。

もしかして「創造の秘密」とは私たちが過去に受け取った何かが組み合わさって、フュージョン（融合）を起こし、表現される点にあるのではないでしょうか。つまり、創造とは「無から有」でなく、「既存の素材の組み合わせ」なのかもしれません。そして、何をどのように組み合わせるかというその方法にこそ、私たちが通常「創造」と呼ぶ行為があるように考えられないでしょうか。

スマホに10万件の特許

実は、「創造的な仕事」と言うとき、それは、これまでにないものを作る「発明」の世界でも同様のことが起きています。身近な実例をiPhoneなどスマホに見ます。まず、機能面において、スマホは、電話機とカメラ、音楽再生装置、検索端末、辞書、メール、ゲーム機などが組み合わさっています。

次に、物体としてみると、スマホという機械を構成しているのは、気の遠くなるような多数の小さな部品と部品の精巧な組み合わせです。スマホに使われる特許数は10万に達すると言われます。スマホは既存のアイデアや機能の集積なのですね。

発明の歴史を見るとき、大胆な組み合わせが、時代を変えるような装置や機械を実現しているケースを発見できます。例えば、活版印刷術。グーテンベルク(1398—1468)は決して「無から有を作った」発明者ではありません。彼の前にも、印刷術はヨーロッパや中国にもありました(40ページ)。彼の革命的な偉業とは、それまでに存在した3つの技術の組み合わせでした。1点目、鉛に錫《すず》とアンチモンを加えた活字合金を開発したこと。この活字はインクのなじみ具合に優れます。2点目、印刷に適した油性インクを開発したこと。3点目、当時最先端のぶどうしぼり機を応用してプレス式の印刷台を考案したこと。つまり、「活字」「インク」「印刷台」の3点セットの組み合わせを考案し、それまでの印刷技術を一段と前進させたことがグーテンベルクの画期的な功績です。
ワットの蒸気機関やライト兄弟の飛行機、エジソンの蓄音機なども既成技術の組み合わせという側面があるのではないでしょうか。

ドラッカーを読む前に

創作や発明において、既存の素材やアイデアの「組み合わせ」が重要な役割を果たすのであれば、過去の遺産が「画期的なもの」や「これまでにない何か」を作る際の源泉になることを意味します。この考えを進めれば、私たちがクリエーティブ(創造的)であるためには、過去にこそヒントがあると言えそうです。

音楽や文芸、美術など著作権分野に限らず、ファッションや料理の分野でクリエーティブであるためには、さまざまな要素の組み合わせに目を向けることが必要です。意外な組み合わせが、これまでにないものを生み出しそうです。インスピレーションとは、頭の中にある整理されていない知識や情報の思いがけない組み合わせなのではないでしょうか。

意外な組み合わせが必要ということになれば、アイデアの引き出しが多ければ多いほど良いということになります。多様な経験や考え方、豊かな知識こそが、私たちの創作（そして発明）に役立つと考えられます。

同時に、何かを探求しているときに、探しているものとは別の価値あるものを見つける能力が大事なのかもしれません。皆さんも、漫然《まんぜん》と新聞を眺めているときに、あるいは家族や友人との何気ない会話の中で、抱えている課題を解く糸口を偶然発見することがあると思います。予想外のものを見つけることを「セレンディピティ」と呼びます。

科学分野においても、セレンディピティが重要な役割を果たす場合があります。当初の目的の実験は失敗しても、そこからインスピレーションを得て、全く別の価値あるものを発見することがあります。偶然の産物を得るには、柔軟な思想と、つねに前向きな好奇心、発想の転換などが必要です。発明の世界でも、一見、関係のない世界から新しい要素を得ることで、新たな発明がなされたケースが参考になると聞きます。例えば、生物学者のフレミングによるペニシリンの発見は偶然の産物だったと習いましたね。

創造的であるためには、情報の入力（インプット）の段階で、幅の広い多様な知識やアイデア、体験がものを言いそうです。表現する作業（アウトプット）では、「組み合わせ」のあり方が重要です。

組み合わせの段階で、時によっては大胆な削除や誇張、強調が有効です。シェイクスピアの《ロミオとジュリエット》やモーツァルトの《レクイエム》が示すように、先行作品に徹底したメリハリを加えることで、コンテンツに新たな息が吹き込まれる場合もあります。

その際、私たちに都合がよいのが、著作権が消滅してパブリックドメインになった古典でしょう。無数のヒント、無数のアイデアがあふれていそうです。

「創造性」の話から少しそれるかもしれませんが、先人に学ぶことの大切さについて、「超・整理法」で有名な野口悠紀雄氏は、知識や説得術の宝庫として《聖書》を挙げています。「(ビジネス書で有名な)ドラッカーを読むより、聖書を読もう」と述べています(『「超」説得法』講談社、2013年)。

確かに、イエスの教えには「反対意見を持っている人を説得する」「紛争を和解に持ち込む」「悩む人に力を与える」言葉がいっぱい出てきます。ビジネスだけでなく、日々の暮らしへのヒントに満ちています。私たちのクリエーティブな活動にも応用が効きそうです。

第5章

技術がルールを変える

あなたの世界は古い？

著作権を取り巻く環境（第1章から第3章）や模倣と創造性の関係（第4章）をみると、法律やルールが、どうもズレているように見えます。時代や社会が大きく変化するため、著作権ルールが現実に合っていない部分があるかもしれません。実際は、複製（コピー）の技術の発達が著作権の考え方を大きく揺さぶっているのです。

例えば、携帯電話やネットと結びついたスマートフォン。これらは私たちの情報環境や社会そのもの、生活、仕事の仕方を劇的に変えました。スマホは今や、手のひらにおさまる万能コンピューターです。その性能において、1969年に人類を月面着陸させ、地球に帰還させたアポロ計画で用いられたコンピューターを上回るそうです。実は、スマホのある生活は、私の世代の人間には「夢のよう」です。しかし、「夢のような時代」に著作権ルールがうまく合っていないと感じます。

他人が撮った写真をソーシャルメディアや個人のブログにアップロードするだけで、著作権侵害とされてしまいそうです。もしも厳格に著作権ルールを適用すると、誰だって、法律違反者になってしまいかねません。もしかしたら、ルールに問題があるかもしれませんね。

第5章では、技術がいかに著作権やコンテンツの世界に影響を与えてきたかを考えます。昨今話題になっている「人工知能」と著作権のあり方にも触れます。コンピューターが音楽や絵、小説を「創作する」時代になりました。情報技術は今後も「著作権の世界」に挑戦し続けそうです、「あなたの世界は古い」と。

アメリカに乗り込んだディケンズ

著作権の歴史を見るとき、最初に著作権に関する法律を持ったのはイギリスだと言われます。18世紀初頭に作られた「アン女王法」と呼ばれる法律がそれです。しかしこの法は著作者というよりは印刷業者を保護するためのものでした。「海賊版を取り締まる」ための、今のような形の著作権が大きくクローズアップされるのは、もう少し後のことです。

《クリスマス・キャロル》や《二都物語》で有名なチャールズ・ディケンズ（1812－1870）がロンドンで活躍したころは、商品としての小説は国を越えて堂々とは流通していませんでした。当時、アメリカは開拓時代のまっただ中。ランタンの灯りで読める小説は娯楽の主役でした。西部開拓を目指した人たちはアメリカにいても、小説はイギリス製の作品に頼ることが多かったのです。とはいえ、必ずしも、イギリスから輸入する形で正規版が販売されていたわけではありません。「海賊版」の読み物がアメリカで出回っていました。産業革命に伴う印刷と製本に関する「技術革新」が書籍の量産を後押ししたこともあり、不正な海賊版がはびこっていたのです。一度、原版を作れば、あとは大したコストをかけずに、いくらでもコピーを作ることができます。フリーライドの典型です。

「海賊版を見過ごせない」。新大陸で自分の作品の海賊版が大量に出回っていることに怒ったディケンズは、1842年にアメリカに乗り込み「著作権による保護を」と訴えて回りました。あふれる模倣版を追放すべく、ディケンズやイギリスの流行作家たちは、このころからオリジナル作品や作者の正当な権利を保護する著作権の必要性を主張し始めました。

フランス語圏でも同じことが起きていました。《レ・ミゼラブル》で有名なフランスのビクトル・ユゴー(1802−1885)は、ベルギーなどの隣接地域で印刷された自分の作品の廉価本が国内で出回っていることに苛立《いらだ》っていました。政治家でもあったユゴーはこのため、

「国際文芸協会」を設立し、著作権の価値を外交問題として訴え始めます。ユゴーの死の翌年1886年、著作権に関する国際的な取り決めである「ベルヌ条約」が制定されます。

ディケンズやユゴーの前にも、小説家たちに限らず、作曲家や美術関係者など多くのクリエーターたちが海賊版に悩んでいました。文学作品の場合、自分の作品に、著者名が付いていなかったり、筋書きが書き換えられていたり、ひどい場合には聞いたこともない他人の名前で出回っていたのです。ディケンズやユゴーのような大物や実力者が主張し始めたことで、ようやく著作権という考え方が日の目を見るようになったと言えるでしょう。

今では、ベルヌ条約による著作権の基本ルールが世界約170カ国で共有されています。

◇コラム：ベルヌ条約とは

著作権に関する基本条約です。《レ・ミゼラブル》で有名なユゴーが発案し、1886年にスイス・ベルン(ベルヌ)で作られました。加盟各国の著作権法はこの条約の水準に合致していることが必要です。言い換えると、ベルヌ条約が著作権の世界標準です。19世紀に決められた基本ルールなので、ネット時代の現状にフィットしない点があるかもしれません。しかし、170カ国もの全会一致がないと基本的な枠組みが変えられません。このため大きな変更を加えることは事実上、不可能だと言われています。西洋列強の仲間入りを果たしたかった日本は1899年にはじめて著作権法を作り、同じ年にベルヌ条約に加入します。悲願だったイギリスやフランス、アメリカなど列強との不平等条約の撤廃を求めて国として法制度を整えるため、と言われます。「近代国家」として著作権法を持つことが必要だったのですね。

プロが独占した時代

ベルヌ条約による著作権ルールが世界の表舞台に出てから、20世紀終盤までの間、著作権はコンテンツを扱うプロの人たちが自らの利益を守るための約束事であり、道具として機能しました。プロとは、小説家や音楽家、画家、出版社、レコード会社、放送局、映画会社、芸能会社などを指します。著作権に関するこの時代は「プロの人たちの時代」と言ってよいでしょう。

この時代の著作権ワールドには、(1)コンテンツを作る人(クリエーター)、つまり、ごく少数の大家や天才的な人、芸術家と呼ばれる人たちが、(2)印刷、出版、録音、録画、放送、映画などの大がかりな装置を持つ人たちと連携し、（３）一般大衆という圧倒的な数のお客（ユーザー）を相手にしていた、という大まかな構造がありました。つまり、20世紀の後半まで、「コンテンツとは、大がかりな装置を使うことのできる少数のクリエーターから圧倒的多数のユーザーへ提供されるもの」という一方通行の図式がはっきりしていました。

この、プロがコンテンツ世界を独占していた時代が終わるのは、１９７０―８０年代です。以後、徐々に著作権の世界が揺らぎます。

まず、ゼロックス式の複写機（いわゆるコピー機）が大量生産され始め、市中にこの便利な機械が出回り始めました。日本でもごく普通の大学生が、資料や本の一部をコピーするようになりました。Ａ４のコピーは私が大学生のころは、１枚１００円でしたが、数年で劇的に下がり、やがて１枚５円になりました。企業内でもコピー機が一斉に普及し、書類をコピーして保存し、回覧する企業文化もこのころに根付きました。多くの会社で、従業員は資料をコピーするようになりました。

大リーグとアマチュア野球

ラジカセが1970年ごろからヒット商品となりました。音質のよいFM放送の音楽をカセットテープで録音することが流行しました。音楽の所要時間などのデータを詳細に掲載するFM雑誌が何種類も発売されました。「FM放送の音楽はコピーされるもの」という暗黙の了解が、放送局、雑誌社、リスナーの間で形成されていたのですね。私の中学高校時代は、この時期に相当し、友人の間で、FMの音楽を録音した(エアチェックと言っていました)カセットテープの貸し借りが日常的な行為でした。

少し遅れて、家庭用のテレビ録画機(ビデオデッキ)が1980年代の中ごろに一般家庭に出回り始めます。今度はテレビ番組が録画され始めました。

つまり、この時代に、コピー機やラジカセ、ビデオデッキという「複製技術」が大衆化したと言えるでしょう。先ほどの「プロの人たちの時代」を支えた「大がかりな装置」が低廉化し、普通の市民の手に届くようになったのです。これは、「プロの人たちの世界」にアマチュアがどっと参入することを意味します。

どんな世界であれ、プロの人たちとアマチュアの人たちが仲良く共存することは難しいものです。プロ同士なら「暗黙の了解」「あうんの呼吸」が成立するかもしれませんが、著作権の知識をもたないまま、コピー技術を手にしたアマチュアはプロにとっては異邦人のようなものです。たとえて言えば、大リーグでパワーのある野球をやっていると、いつのまにか草野球の選手がバッターボックスに立っていたという感じです。業界用語やプロのしきたりを知らない人が自分のフィールドにやって来るのですから、混乱が生じます。

それでもまだ、コピー機やラジカセの普及、アマチュアカメラマンの激増、ファクス機の登場、ワープロ機の普及程度であれば、混乱は限定的でした。革命的なことが、１９９５年ごろインターネット時代の幕開けとともに起きます。つまり、パソコンがネットワークによって結びつくことで、情報やコンテンツが、時と場所にお構いなしに自由に流通するようになったのです。情報に関する制度である「著作権ルール」がさらにスポットライトを集めることになります。

インターネット時代になると、ウェブサイトを作ったり、ブログを書いたりする人が現れ、多くの人が「クリエーター」になりました。つまり、情報の受け手にとどまっていた人たちが、情報を発信することになったのです。こうして著作権は一挙に一般市民にも関係するルールとなりました。「一億総クリエーター」「一億総ユーザー」の時代が来たという言い方をする人もいます(岡本薫著『著作権の考え方』岩波新書、2003年)。それまで、情報を発信するのは、プロの作家や画家、音楽関係者であり、新聞社、放送局など大がかりな装置をもっていた会社に限られていたのですから、新しい時代に入ったと言って良いでしょう。

分かりにくいルールブック

時代はさらに進み、2007年にiPhoneが発売され、「スマホ時代」が始まりました。今、スマホがコンテンツ世界に空前のインパクトを与えています。

例えば、プロが独占していた報道の世界もアマチュアの存在が重要になりました。土砂災害や台風や地震報道では、アマチュアがスマホで撮影した映像(コンテンツ)をテレビ局が使用します。災害現場に駆けつけるプロの記者は今、取材を開始する前に、「この中で、災害状況を撮影した人はいませんか」とアマチュアの写真撮影者を探すことが仕事になりました。

一方、娯楽の世界では、スマホを手にした老若男女が、「歌ってみた」「踊ってみた」をYouTubeやニコニコ動画で発信するようになりました。つい最近まで映像を広範囲に伝達する技術をテレビ局など「業界のプロ」が独占していました。そこへスマホ片手にアマチュアが、ニュースやエンタテインメント作りの現場に参入してきたのですから、運転免許を取ったばかりの若葉ドライバーがF1のレーシングカーに乗るような感じです。実際のところ、日記を書く感覚でウェブサイトやブログに文章や動画をアップするアマチュアと、苦労しながらコンテンツを作るプロのクリエーターが同じ土俵にいるのが現状です。

ここでやっかいな問題が出てきます。一般市民に著作権ルールが必ずしも普及していないために、トラブルが起きるようになったのです。著作権についての基本的な考え方は、第2章でみたように複雑ではありません。説明されれば、「なるほど」と分かる内容です。しかし残念ながら、著作権法は誰が読んでもさっと分かる「ルールブック」的な便利な読み物にはなっていません。アマチュアはもちろん、プロでも簡単に理解できない条文もあります。今や、いきなり、「それ、著作権法違反です」と言われても、ピンときません。今や、アマチュアが参照すべき法律なのですから、条文の書き方への配慮がほしいところです。

人工知能が「創作」する

技術の進歩はとどまるところを知りません。コンピューターが人類の知能に追いつき、追い越したと見まがう時代がやってきました。私たちは今、新たな時代の入り口にいます。それは、「人工知能」(AI)が日常生活に入り込んで来る新しい時代です。

人工知能とは、コンピューターが、学習や記憶、推論、判断など人間の脳の働きを代行する技術です。私たちの言葉や表情に反応するロボットやクルマの自動運転などの分野で、人工知能が急速に注目を集めています。コンピューターがチェスや将棋、囲碁の第一級の対戦相手を打ち負かすことでも知られていますね。

人工知能が難病患者の救命に役立った事例があります。専門医が集まっても突き止められなかった治療法をIBMの人工知能「ワトソン」が解き明かしたのです。2016年夏、東京大学で、実に2000万件もの膨大な数の医学論文をワトソンが学習し、それまで誰も分からなかった患者の白血病が特殊なタイプであることを10分で突き止めた上、適切な治療法を提示したことがニュースになりました。AIの進歩には目を見張ります。

では、本書のテーマである「創造性」の分野にどんな影響が出てくるでしょうか。

そんなことを言うと、「AIに創造性などあるはずがない」という意見が聞こえてきそうです。「創造性は人間だけが持つもの」「機械には創造性が持てるはずない」というわけですね。しかし、どうやら人工知能には創造性を備えることが少しずつできているようです。

すでに将棋の世界ではAIが新しい手を見つけ、プロ棋士が真似をしています。「新手を見つける」ということは創造性が必要であることを意味するでしょう。また、まだ初期の段階ですが、日本でもAIが短い小説を書いた例も報告されています。人工知能が今後、加速度的に進歩すれば、いろんなジャンルで「創造性」を発揮できる可能性があります。

「ベートーヴェンを脅したい」

最近、驚くような研究が報告されました。

2016年春、人工知能が造ったレンブラントの《新作の男性肖像画》が発表され、このニュースが世界を駆け巡りました。マイクロソフト社とオランダ・デルフト工科大学などが「ネクスト・レンブラント」というチームを結成し、17世紀のオランダを代表する画家レンブラント(1606－1669)の300点を越える作品データを人工知能で解析し、3Dプリンターで再現しました。レンブラントの魔法の筆致が鮮やかに再現された仕上がりになっています。「深層学習」（ディープラーニング）と呼ばれる人工知能技術を使い、レンブラントの色遣いや光の当て方、構図、表情パターンなどを習得したそうです。私もネット上で見ただけですが、いかにもレンブラントの画風が再現されています。「これ、レンブラントです」と言われたら、美術の専門家でもなかなか疑うことはできなそうです。

このニュースを知って、私は音楽の分野におけるAIの可能性に興味を持ちました。例えば、ベートーヴェンの「チェロ協奏曲」。ベートーヴェンは器楽のあらゆるジャンルで作曲をし、今なお世界中の演奏家や聴衆を魅了しています。しかし、この巨匠はチェロ協奏曲だけは残しませんでした。本当に残念です。彼はチェロ作品が苦手だったのでしょうか？　そんなことはありません。5つのチェロソナタを書いていますし、交響曲だけでなく弦楽四重奏曲でもチェロが主役となって雄弁で重要な旋律を担うことが多いです。むしろ、ベートーヴェンはチェロが好きだったと私はにらんでいます。

しかし、ベートーヴェンはなぜか「チェロ協奏曲」を作りませんでした。かつてロシア出身の名チェリストが「もしもタイムマシンがあったら、ベートーヴェンに会う。巨匠の頭にピストルを突きつけ『チェロ協奏曲を書け』と脅したい」と言っていたほどです。

人工知能によるベートーヴェンのチェロ協奏曲を聴いてみたくなります。ベートーヴェンが出版した約１３０の作品だけでなく、スケッチとして残っている自筆譜の断片や、彼が書き残した日記や手記、当時のチェロの技法やベートーヴェンと関係のあった演奏家の奏法などをすべて分析すれば、ベートーヴェンの作風を持った作品ができるのではないでしょうか。

もちろん、今でも、器用な作曲家は独自に「モーツァルトスタイルの」「ショパン風の」曲を作っています。ちょっと聞いただけで「あ、これモーツァルトの曲みたいだ」「ショパンの曲に似ている」という作品は存在します。しかし、これらは表面的に似せている場合が多いように思います。

しかし、レンブラントのプロジェクトのように、人工知能で、１人の作者の作品やスケッチなど、あらゆる膨大なデータを総合的に演算して作られた《新作》は、ぶ厚い時代考証と作品分析に支えられていることを意味するので、大きな価値を有すると私は思います。

クレオパトラとキリスト

今後、レンブラントやベートーヴェンに限らず、文芸、美術、音楽、建築などの世界で、さまざまなクリエーターの過去の膨大な素材、データが解析され、さまざまな《新作》が登場することは間違いありません。

ありとあらゆるデータを駆使すれば、例えば「クレオパトラの容貌《ようぼう》」「幼な子イエスを抱くマリアの姿」「紫式部が話した日本語」「大陸を疾走したチンギスハンの騎馬風景」「鎧《よろい》をまとった織田信長」など、「事実やデータを基にした」コンテンツはできるのではないでしょうか。そこから浮かび上がる新しい発見もあるに違いありません。

例えば、キリストの絵姿。実際の似顔絵は存在しないのに、絵画史の世界では、いつからか、肌の色や長い髪、ひげなど「キリストと分かる像」が定着したように描かれています。本当は、キリストは、エネルギッシュな風貌だったかもしれないのに、細面でやせており、いつもうつむきかげんに描かれます。それはまるで、キリストを指し示す「記号」のようです。

もしも、あの時代のイスラエルの人たちの骨相や皮膚や髪の色、顔の造作に関する人類学や医学、歴史、美術史、考古学などのあらゆるデータを投入して、人工知能に学習させたら、「記号」でない、新たなキリスト像ができるのではないでしょうか。

ところで、人工知能はある1つの点で、人間の能力をはるかに超える力を持っています。それは、「疲れることなく、とことん計算する」能力です。

東大が「ワトソン」を使って、膨大な数の医学論文を解析してわずか10分で治療法を見つけたのですから、世界最高のコンピューターが24時間休むことなく何日も何カ月も演算すれば、人間の優位性が脅かされる日が来るかもしれません。コンピューターが自分で学ぶディープラーニングの技術がさらに進めば、私たちの想像を超えた世界が現れそうです。それが良いことかどうかは分かりません。囲碁の世界で、コンピューターが人間に勝利したのは、ひとえに、人間の脳のキャパシティーを超えたデータを高速で処理する力を人工知能が持っているためです。

それでもAIを用いれば、私たちはクレオパトラやキリストの実像に肉迫できるでしょう。

サルが写真撮影すると

ここで、問題が起きます。

人工知能が作ったコンテンツの著作権です。一体、コンテンツの作者は誰で、著作権は誰のものになるのでしょうか。第2章で述べたように、日本の著作権法では、著作権が適用されるコンテンツに「思想または感情」がなければなりません。人工知能に「思想」や「感情」があるのでしょうか。現在の著作権法では、人の脳を出発点にしたコンテンツだけが、著作権の対象になっているように見えます。

人工知能時代のコンテンツの創作性を次の3つに分類して考えてみました。

(1)人が生み出したコンテンツ(人工知能を用いない)

(2)人が、人工知能を「道具として」生み出したコンテンツ

(3)人工知能が自ら生み出したコンテンツ

(1)と(2)は、これまでのとおり著作権が適用されます。創る主体は人だからです。(2)で、「道具として」という意味は、人工知能を、カメラや絵筆、ワープロソフトに見立てて

います。

問題は(3)のケース、つまり人工知能が生み出した創作が、著作権法などで保護されるかどうかですね。このことを考えるために、次の事例が参考になります。

最近、サルが自分を撮影した写真の著作権を巡って海外で話題になりました。ある写真家のカメラをインドネシアのサルがいたずらして自撮りしたのです。「サルの自撮り写真」の著作権は誰に帰属するのでしょうか。創造性は法的には、人間にだけ適用されるので、いかにサルが知能を注入して写真撮影しても、著作権は認められないというのが大方の意見です。

もしもサルに「写真を撮るように」指示を出したり、調教したりする人がいれば、その人に権利があるのではないかという意見があるかもしれません。その場合、人がサルにアイデアを提供したとみなされることになります。第2章(27ページ)で見たように、アイデア自体は著作物には相当しません。この考え方に立てば、(3)のケースにおいても、著作権のあるコンテンツとはならないでしょう。つまり、現在のルールでは、人工知能が生み出したコンテンツに著作権はないということになります。

自ら学習する能力を持っていても、コンピューターは人格を持った存在ではない点を見逃すべきではないと私は思います。著作権の考え方は人格に根ざす部分が強いことは、第2章(40ページ)で見たとおりです。

金持ちがルールを作る?

こうなると、人工知能によるレンブラントやベートーヴェンの《新作》は著作権法が規定する「著作物」に該当せず、公表されると、誰もが利用可能な「パブリックドメイン」(公共財)になるという理屈が成り立つかもしれません。

これはこれで問題です。莫大《ばくだい》な費用をかけて人工知能を開発し、膨大な量のデータを解析し、《新作》を作り出した場合、公表すると直ちにコピーされても、これを取り締まる法的な対抗手段がないからです。言い換えると、コンピューターが作り出す数々の《新作》は、公表されても保護されず、誰もが使えることになってしまいます。これでは、人工知能でコンテンツを開発する人が報われません。

片や、「人工知能の開発に従事する人が新たな情報や知識を独占してしまう」という危険があるかもしれません。現在も、高額な会費を払うことで利用できるデータベースがありますが、それをイメージすると分かりやすいと思います。スーパーコンピューターにアクセスできる人だけが得られる金融投資情報はその好例です。

人工知能はたとえ著作権法で保護されなくても、お金を支払う人だけがアクセスできる「宝のような情報」を生み出す装置になるかもしれません。お金があることと、創作する力との間には本来、関係がないのに、「お金がある」という理由だけで人工知能が作り出すコンテンツを手に取ることができる状態は望ましいでしょうか。

そもそも人工知能によって、コンテンツが増えること自体は、芸術や文化的なコンテンツが豊かになることを意味します。人工知能は機械だから、24時間働いて、無数のコンテンツを作り出すことが可能です。もしもそのようなコンテンツが一定の価値を持つものであれば、消費者の感受性や生活の質の向上に寄与するかもしれません。もちろん、世の中は、人工知能が作り出す、音楽、小説、絵画、写真、映画などであふれる可能性があり、それで良いのか、と異を唱える人が出てくることも理解できます。

科学技術の発展はいつも、私たちの予想を大きく超えます。ジャンボジェット機の開発話が出たとき、「400人を乗せる旅客機？　あり得ない」と当時のボーイング社の幹部はあきれましたが、実現しました。ケネディー大統領が1961年、「1960年代に人類を月面着陸させる」と演説したとき、科学者の多くが絵空事《えそらごと》だと冷笑したそうです。しかし、1969年に実現しました。であれば、いつかがんの特効薬ができ、いつか人類が火星に降り立つでしょう。未来においてAIが作り出す社会を今の私たちはうまく予想できませんが、AIそのものは発達の一途をたどることは間違いありません。

人工知能は現在、ホットな分野であるだけに今後、多様で優秀な人材が集まりそうです。ビッグデータや3Dプリンターに結びつくと、私たちがかつて経験したこともないコンテンツができるかもしれません。その時の著作権はどうあるべきでしょうか。この議論を政治家や技術者、金持ちの実業家だけに任せておくと、思わぬ不都合や不公平が生じるかもしれません。

私たちは、技術の行方を見守りながら、コンテンツに関するルールのあり方について、ふだんから議論しておくことが重要であると思います。

第6章

コピペ時代を生きる

ルールを守りながら

「コピペはいけない」と言われます。

ネット上には日々の暮らしや、勉強、研究にすぐ役立つ「宝のような情報」があふれています。だから、ネット上の情報や素材を得て、それを自分の作品(コンテンツ)に生かしたいと思ってしまいます。

ところが、引用のルールなどを無視して、他人のものをそのまま貼り付けて公表すると「不正なコピペ」になります。著作権法に触れることもあります。100%そっくりコピーすることを「デッドコピー」と呼びますが、デッドコピーでなくても、既存のコンテンツを少し手直ししても「真似た」「違法コピーだ」などと指摘されるおそれがあります。だから、「コピペはいけない」と言われるのですね。

一方で、「スマートフォンやネットを使いこなす」ことは「コピペしてしまう」ことになりかねません。誰もがコピペする時代が来ました。私たちはどうすればよいのでしょうか。

「それってコピーじゃないの？」

研究者の世界では、コピペを正しく行わないと論文の盗用、剽窃《ひょうせつ》(他人の作品を自分のものとして公表すること)とされ、論文が取り消されます。存在を証明できなかった「STAP細胞」に関する大騒動が起きましたが、きっかけは、この研究者の不正と思われる「コピペ」論文でした。

「コピー」に関連した事件として、2015年に東京オリンピック・パラリンピックの「エンブレム類似問題」が起きました。日本の著名デザイナーが発表したデザインがベルギーで先行作品があると指摘されました。著作権や商標権など知的財産権に関する法律からみた場合、少なくとも違法性はなかったようです。しかし「類似している」ことが原因で大きな騒ぎになりました。

この2つの事件は、事件の経緯や問題のあり方などが違っていますが、ニュースの発端で「真似たかどうか」「コピーしたかどうか」が、人の注目を集めた点が共通しています。事件の本質やその後の展開とは無関係に、「他と似ているかどうか」「それってコピーじゃないか」がまず問われたのですね。これらに端を発して世間でも「コピペ問題」が論じられることが増えました。

同時に、研究や教育の分野だけでなく、社会のいろんな場面で、「人のものを真似てはいけない」「似たものを公表してはいけない」という圧力が強くなっていると感じます。

私の友人のデザイナーは、「エンブレム事件以来、仕事がしにくくなった。何をやっても先行作品と似てしまう」と不安の様子です。デザインは人目に触れる宿命にあるので、萎縮《いしゅく》するのでしょうか。クリエーティブな仕事をするデザイナーが縮む傾向になるのは、良い時勢ではありません。

コピペを見破るソフト

私にとっても「コピペ」は頭の痛い問題です。学生が提出するレポートには、残念ながら、コピペがつきまとうからです。

約200人の学生が履修《りしゅう》する授業で次の課題を出したことがあります。「道路交通において『クルマは左側通行(右ハンドル)』の国と、その反対の国がある。どちらが合理的と思うか、述べよ」

集まったレポートには、そっくりの答えが10枚近くありました。ウェブサイトを探し回り、「あった！」とばかりに、それをコピーして書き写したのですね。堂々たるコピペです。

今、多くの大学が、コピペ答案を見破る「コピペ監視」ソフトを導入しています。学生の提出物をこのソフトにかけると、ネット上で類似する先行作品を探し出して、どの部分がコピペなのか色分けして示してくれます。学生が提出したペーパーを相互に比べて、友人間のペーパーで似たものがないかどうか探し出す機能もあります。

実のところ、教員からすれば、コピペ答案を見破るのは難しくありません。しかし、大人数の教室ではそのような監視ソフトは便利だろうと思います（私自身は使ったことはありません）。まずソフトにかけて、コピペ答案をはじき出せば採点が楽になりそうです。

ある教員は、課題を出すときに学生に「コピペ監視ソフトを使う」と宣言するのだそうです。抑止力に期待するのですね。

ネット上では、類似コンテンツを探し当てる技術もずいぶん進歩しました。STAP細胞問題も、エンブレム問題も、アマチュアユーザーがネット上で「似ているコンテンツ」を指摘したことが発端でした。ネットを使えば、「似ているもの」を見つけることは困難ではありません。

仮に、あなたが南国を旅行した時、極彩色のヤモリを見かけたとします。これをスマホで撮影し、専用サイトにアップロードすれば、このヤモリの種類や名前、生息地が一発で分かるそうです。人の顔写真を撮影して、アップすれば、ネット上をコンピューターが探し回り、名前や所属まで知らせる技術も開発されています。そんな時代ですから、コピペをしたかどうか、コンピューターにかければ、いとも簡単に分かるようになりました。

「ハサミとノリ」で記事を書く？

私が学生だったころでも、先達の文章をそっくり取ってきて自分の文章に貼り付ける手口は普通にありました。私自身、そうやって期末試験のレポートを切り抜けたことはあります。先生には、ばればれだったでしょう。「手書き」の時代だったので、コピペという言葉はありませんでしたが、「ハサミとノリで、切り貼りして書く」という言い方はありました。格好の資料を見つけるや、必要な部分をハサミで切り取り、ノリでつなぎ合わせるという意味です。

私が勤務した会社は、新聞社や放送局に、記事や写真をリアルタイムで送り届ける通信社です。私の記者修業の時代、ネットもワープロもありませんでしたが、「ハサミとノリ」に頼っていた時期があります。記事を書くときに、過去の記事を真似ながら、原稿用紙を埋めていくのです。

事件や事故の報道では、たいていのニュースは、過去のケースと類似性を持っています。火事や交通事故、殺人事件から始まって、政治家の不正や病院の医療ミス、企業の新製品発表、地方議会の動き、警察官の不祥事、野球の戦況、ノーベル賞受賞の報道にいたるまで、ニュースには過去にお手本となる記事があります。そういう過去の記事を下敷きにして記事を書くのです。

新聞記事はシンプルな文章でできあがっています。ひとつずつの文章《センテンス》は、ベテラン記者が書いても、新人記者が書いても同じような結果になります。

記者としての新人時代、私は、バッグに自己流の「記事スクラップ帳」を、カメラや原稿用紙とともにいつも持ち歩いていました。スクラップ帳には、自社や他社の記事を縮小コピーして、「交通事故」「火事」「自治体トラブル」「市民グループ」「イベント」「警察不祥事」などに分類して、貼り付けていました。記事のサンプル集ですね。

実際の現場で取材し、得た情報やデータを過去の記事に当てはめていけば、10行ぐらいの小さな記事なら、すぐにできあがるというわけです。これは、何も私が開発した方法でなく、いろんな先輩から新人記者へのアドバイスとして語り継がれていました。

新人記者がいきなり、紙面に掲載されるきちんとした記事を書けるはずもありません。時間の制約がある中で、うんうん苦しみながら、「書いては消し」を繰り返しながら記事をゼロの状態から執筆するよりは、過去記事に依存する「ハサミとノリ」は合理的です(それでも、「書いては消し」を繰り返すのですが)。

もちろんいつもうまく行くとは限りません。手本となる過去記事がない場合です。例えば、「中学生が作った熱気球が空に上がった」とか「入試に向かう高校生が泥棒逮捕でお手柄」というニュースがありました。現場記者になってすぐに遭遇《そうぐう》した事件です。うまく書けず、おろおろするばかりでした。他にも、「看護師を狙った結婚詐欺」という事件を担当したこともありますが、どうやって書けばよいのか、記者発表を聞きながら泣きそうになったものです。

慣れてくれば、聞いたこともない事件を記事にする場合も、現象を整理分解し、再構成すればよいということに気付きます。やがてサンプルを参考にしなくても記事が書けるようになります。一見、複雑に見える事件も、「どの部分がニュースか」「何が重要で、何が二次的な要素か」「事実と推測の線引きは」などを考えながら、事件や事案を見ていけば、あとは事件の要素を組み合わせて執筆することになります。

このように、私自身は学びや仕事の場で「コピペ」と決して無縁だったわけではありません。おそらく、私以外の多くの人も同じようなものではないかと想像します。

まるで「麻薬」のよう

では、なぜ私たちは「コピペ」をするのでしょうか。

学生のコピペによるレポートの中に、その答えがあります。

彼らのコピペレポートで典型的なのは、ウィキペディアなど適当なウェブサイトに行って、課題の答えに合致しそうなものを探し当ててコピーし、それをワープロ上で単語や文章を部分的に削除しながら適当に表現を変え、要約する手口です。

学生が提出するレポートを見て嫌になるケースは「デッドコピー」です。ワープロのコピー機能を使って、元の文章をそっくりそのまま貼り付けるので、ワープロのフォント(書体)が、コピーした箇所だけ違っていたり、文末表現が「です」「ます」と「だ」「である」で不《ふ》揃《ぞろ》いだったりするケースです。何の工夫も見られません。

しかし、新人記者が先輩の記事を真似るのと、学生がインターネットで文章を引っ張ってくることと、根っこのところでは、「その方が早い」「とりあえずは格好を取りつくろうことができる」という点で大同小異かもしれません。

つまり、コピペ行為の根幹には、楽をして、その場を切り抜けようとする安易な姿勢があるのでしょう。今の学生をみていると、課題を受け取った瞬間に「答えがないか」とネット上をサーフィンするのが彼らの基本動作なのだと思います。

私が学生のころは、ネットもデータベースもなかったので、図書館か大きめの書店で書籍か論文を漁るしか術がありませんでした。幸か不幸か、今の学生にとってネットは最も身近な情報環境であり、ネット上にすべての答えがあると思っている人が多いです。調べ物があるときはまずはネットに向かいます。手軽に世界中の情報にアクセスできるのですから、これを使わない手はありません。私だってそのようにしています。

ネットやSNSで簡単に情報が取れる時代では、便利すぎるコピペへの誘惑には抗しがたく、コピペ行為はまるで「麻薬」のようです。

コピペを許さない3つの理由

自分の考えを提示したり、既存の説に異議を唱えるなど、新しさを加えなければ、レポートを書く意義はありません。

私が、安易なコピペによる学生のレポートに否定的なのは次の3つの理由によります。

第1に、学生が考えることなく、他人の意見をうのみにしてしまうから。ウェブ上で気に入った文章を見つけて、自分のワープロに貼り付け、文章を少しだけ手直しして「お化粧」を施す作業は、「考える」ことを放棄するようなものです。ワープロがなかった「手書きの時代」では、インプットとアウトプットとの間で、考える時間がありましたし、文章を修正するのは手間がかかったので、「推敲《すいこう》する」作業を余儀なくされました（推敲という言葉を最近、聞かなくなりました。まるで下書きと清書の区別がなくなったようです)。

第2に、コピペの問題点は、どこからが「他人の意見」で、どこからが「自分の意見」なのかが不明瞭になりがちであることです。既存の文章の論理に引きずられてしまい、自分の意見があいまいになります。もともと「知らないことを調べて、書く」のですから、権威ある文献や資料にあたっていると、既存の文章に「負けて」しまいます。「私はこう思う」という核心部分を欠いたまま、仕上がってしまいます。体裁だけは整うので、本人は「書いた気分」になってしまうのでしょうか。そのせいかどうか、学生のレポートには、「私はこう思う」という主張が欠落していることが多いように思います。

第3に、コピペした文章をそのまま提出することは、他人の作品をそのまま使い、あたかも自分が作ったことにしてしまうことになります。これは、人のものにフリーライド(ただ乗り)している行為、もしくは盗んでいる行為(盗作、盗用、剽窃《ひょうせつ》)と言われても仕方がありません。

そもそも、レポート課題とは、与えられたテーマに関する資料やデータを自分で集めた上で、自分の考えを述べたり、新たな解釈を提示したりすることが目的であるはずです。一連のプロセスで、自分なりの「発見」や「気付き」を展開させ、文章にまとめることにこそ価値があります。全部をコピペで作ったレポートは学習の目的からすれば意味がありません。

もっとも、学生の視点からすれば、取りたくもない科目を取らされ、できるだけ省力化したいという事情もあるでしょう。実際、「あの先生の科目さえ突破できればいいや」とばかりに、レポートは担当の教員以外は読まないと軽くみていることも多いように思います。

もしも教員が、自分のクラスにコピペする生徒や学生が多いと思っているようであれば、自戒も込めて言うと、彼らに課題に真剣に取り組む気をおこさせない教員の側にも問題があるかもしれません。

正しいコピペ

ところで、コピペが堂々と推奨《すいしょう》されている場合があります。驚かれるかもしれませんが、独創性や新規性を尊ぶ学術世界では「正しいコピペ」の重要性が以前から強調されています。本章の冒頭にＳＴＡＰ細胞の研究者の話をしましたので、矛盾するように聞こえますね。でも「正しいコピペ」がとても重要なのです。どういうことかというと、先行作品の「引用」

上手なレポートを書く方法

についてです。

仮にあなたが、世界に先駆けて、ある科学的な事象を発見したとします。この場合、自分の仕事が一頭地《いっとうち》、これまでの研究から抜きんでたことを、論文を書くことで示す必要があります。論文には、これまでの学説を正確に示し、自分の研究が画期的であると、読者を説得しなければなりません。つまり、過去の誰かの業績を比較対象として取り上げ「このように私の研究は独創的である」と主張するのです。この、自分より先に実施された研究結果をそっくり明示することを「引用」と言います。

ですから、論文の多くの部分が「引用で占められている」ということが、質の高い論文の証《あかし》である場合だってあるのです。「引用」とは「正しいコピペ」と言って良いでしょう。引用には厳格なルールがあります(61ページを見てください)。元の文章を、句読点をふくむ一字一句を正確にコピペする必要があります。最も重要なことは、出典を正確に記述し、読者が容易に追跡できるよう明示することです。

では、本書が問題にしてきた「悪しきコピペ」と決別するにはどうすればよいのでしょうか。

課題が与えられた時に、課題そのものをよく「知る」ことが、解決への出発点だ、と思います。「自分で考える」「自分で調べる」姿勢を持つことが大事です。書き始めるのはその後。まずは、情報を収集し、分析することです。いくつもの意見を分類し、整理していくうちに、課題への取り組み方が見えてきます。ものを書くにあたり、課題について「知っている」と「知らない」には天と地ほどの差があります。

第4章で、私たちは「見えないものは描けない」ことを考えてみました。《2001年宇宙の旅》を作った映画監督はコンピューターを視覚的に表すことに苦労したというエピソードを思い出してください(125ページ)。一方、画家のクールベは、「見えるものしか描かない」と言いました。これは言い換えると「見たことのないものは描けない」「知らないものは描けない」という誠実な言説かもしれません。

この考え方をレポート執筆に当てはめると「知らないものは書けない」となります。裏返して言うと「知っているものなら、書ける」のではありませんか。課題が与えられたら、課題について「知る努力」が必須です。

あなたは、友人あてのメールやメッセージは悩むことなく、さっさと書けますよね。伝えるべきメッセージなら200字ぐらいの文章を2、3分で書くではありませんか。それは書く内容を「知っている」からです。

しかし、「自動車の左ハンドルと右ハンドルの違い」(158ページ)については、簡単ではありません。知らないから書けないのです。多くの学生が手がかりを求めてネットに向かうのも無理はありません。しかし、調べる前に、あるいは調べる途中で「馬車の時代のルール」「右ききと左きき」「服の左前、右前」「船の左舷と右舷」「飛行機のタラップはどちらの側にある」などに気付けば、関心も芽生え、調べようとする気にもなり、自分の考えを伝えようという気になるのではないでしょうか。好奇心が刺激されることで、調査することや執筆の楽しさが出てくると思います。出題の意図を知れば、調べ方の羅針盤を持つことになります。うまいレポートを書く秘訣は、課題の意図を見極め、知らないことを知ろうとする好奇心にありそうです。

少なくとも、よく分からない課題が出たら、課題への好奇心を高めることが大事です。考えないまま書いても、コピペでレポートらしいものができるかもしれません。受講科目を突破できるかもしれません。しかし、頭を使わずに書いたレポートにはどれほどの意味があるでしょうか。私は、意味がないと断言します。

遣唐使も鹿鳴館も

コピーが盛んに行われる時代に、心配なことがあります。私たちは、「似ている」「似ていない」という議論に敏感になり、そこで話がストップしてしまい、他の重要なことが、ないがしろにされていることです。

ネット上で、日記代わりのブログやツイッターにアップしても「違法コピーだ」「真似た」と指摘されかねません。たとえ類似していても、オリジナルの作者に迷惑が及ばず、しかも、社会や個人に意味のあるコンテンツもあるはずです。コピーを通じて、拡散されてはじめて意味を持つコンテンツもあるでしょう。必ずしも「似ているから悪い」とは言えません。

ノーベル文学賞を受賞したフォークソング歌手のボブ・ディランさんの曲には、他の曲から取ったメロディーや詩があるのだそうです。しかしフォークの世界では「もともと過去の曲の転用や借用から別のものを創作することが普通」（湯浅学著『ボブ・ディラン』岩波新書、2013年、49ページ）とする見方もあります。

クラシック音楽の世界でも、大作曲家が民謡を素材にして交響曲を作ることは珍しくありませんでした。

そもそも、同じ国に生まれ、同じ言葉を話し、同じような教育を受け、同じようなメディア環境にいると、私たちが発する情報やコンテンツもまた、意図しなくても、他のものに「似てしまう」ことは避けられません。安心してください。著作権法は「偶然に似ているコンテンツ」を何ら問題にしません。

歴史を振り返ると、私たちは、オリジナル作品や先行するコンテンツや法律、制度を模倣し、少しずつ手を加え、改良や改変し、さらに使い勝手のよいものに作りかえてきたことが分かります。

中学や高校の歴史の時間に、私たちは「奈良の平城京は唐の長安を真似た」「ローマ美術はギリシア美術を真似た」と教わったではありませんか。当時の先進国であった中国の制度や都市作りを取り入れるために送られた「遣隋使」や「遣唐使」は国家的なコピー使節団ではなかったでしょうか。

明治政府は、欧米から国の制度や法律、先進国の文物をそっくり真似ました。そのために、精力的に欧州や米国に視察に行き、先進国から高額で外国人研究者を雇いました。「鹿鳴館《ろくめいかん》」は当時のコピペ文化を象徴しています。「鹿鳴館時代」をあざ笑うことは簡単ですが、「なかったことにする」必要はありません。明治政府が設定した目標は欧米列強のようになることでした。

お手本を先進国に求め、ひたすら真似ることに徹したのでした。それはちょうど子供が習字の時間に教科書や先生を真似るのと同じかもしれません。鹿鳴館時代もまた、日本が経なければならないプロセスだったと言えるでしょう。同様に、戦後日本は、焼け野原の状態からアメリカやヨーロッパのような先進各国の文化を積極的に模倣しました。

このように、個人レベルだけでなく、歴史をみると国の単位で何かを真似ることは、日本に限らず、多くの国にありました。まずはコピーし、その後に取捨選択し自分のものとして発展させることは、私たちの教育や文化・社会活動の核心部分に関係するのかもしれません。

安易なコピペにくみする気はありませんが、「似ている、似ていない」「真似た、真似てない」「コピペした、してない」の議論だけに終始すると文化や社会にとって大事なものが後回しになるかもしれないと感じます。この議論がエスカレートすると、相互に監視し合う、息苦しい社会になる危険もはらんでいると付け加えておきましょう。

みんなの著作権

本書で、最も重要なキーワードは「模倣」と「創造」それに「著作権」でした。

創造的な仕事をするために、模倣の積極的な価値にも着目しました。現代においてはコンテンツを作る際に、著作権ルールを無視してはいけないことも繰り返しみてきました。

しかし、圧倒的なスピードで進歩する情報技術に、情報に関する法律である著作権法が追いついていないため、いたるところで混乱が起きているように見えます。まとめると、第1の原因は、少数のプロの世界に多数のアマチュアが参入したことにあります。「大リーグの野球にアマチュア選手が入ってくるようなもの」の例を出しました(141ページ)。第2の原因は、ネットとスマホが結びついたため、誰もがあまりにも簡単に情報を手に入れ、あまりにも簡単に情報を発信することにあります。

こういう状況では、昔に作られたルールと現実とのギャップが広がるばかりに見えます。知的財産法の大家である東京大学の中山信弘名誉教授は「著作権法の憂鬱《ゆううつ》」という言葉を使っています(『著作権法』有斐閣、2014年)。現在の著作権ルールの置かれた状況を端的に表している表現だと思います。

ネット上にアップしたコンテンツは世界中どこからでもダウンロードされてしまいます。それをユーザーが無断で利用し、ネット上やSNSにアップロードすれば、権利者にとってみれば、海賊版が作られたのと同じ結果をもたらします。このため、「取り締まりを強化せよ」と権利者が要求します。

他方、アマチュアユーザーにすれば、ソーシャルメディアにテキストや写真を載せることは、日記を書く感覚です。カジュアルな身辺記録を送信することであり、単に好きだから「つぶやいて」(ツイートして)いるに過ぎません。

問題は、情報を売ることで生計を立てるプロと、楽しみのために情報を送受信しているアマチュアが同じ土俵で、同じ行為をしていることにあります。さらに問題を複雑にするのは、アマチュアがプロの存在を脅かす場合があることです。たとえアマチュアであっても、ネット上から取った情報を巧みに組み合わせて創作活動を行い、「売れるコンテンツ」を作れば、それが成功する場合があります。

いえ、次のように言えないでしょうか。ネットが身近になったことで、これまで活動の機会がなかったアマチュアに「ひのき舞台」が用意されるようになったのだ、と。例えば、少し前まで「音楽家」といえば「プロの人」を意味しました。彼らは、お金のために曲を作り、演奏しました。しかし、世の中にはもともと、ビジネスに興味はなくても、音楽活動をしたかった人はいたはずです。そして、これまでは、圧倒的多数のアマチュア音楽家にとってせいぜい自分の暮らす街が活動範囲でした。しかし、自宅でスマホ片手に「歌ってみた」とアップロードすれば、一夜明けたら世界的シンガーになることも夢ではなくなったのです。

スマホ時代の今日、私たちは歴史上はじめて、一人ひとりが、簡単に世界とつながるツールを得ました。これはほんの過去数年で起きていることです。だから著作権を巡って多くの人が混乱するのは仕方がなく、法律研究者が「憂鬱」になるのも仕方ありません。

実際、「そもそも著作権ルールの方がおかしいのでは」という点もあると思います。その際、おかしなところ、現実に合わないところを、いろんな立場の人が意見を持ち寄ることが必要だろうと思います。

そのためには、コンテンツを作ったキングのことを考えつつ、家庭や学校、職場で、「著作権って、ここが変だよね」「じゃ、どうしたらいいのかな」と声を掛け合うところからルール変更やルール形成をスタートさせませんか。

ルール変更を知らせるホイッスルが吹かれるのを待っていると、いつのまにか、誰かが自分たちに都合の良いルールを作ってしまうかもしれません。それは、巨額のお金を情報技術（IT）に投資する人や、コンテンツには興味がないが技術や法律に明るい実業家かもしれません。あるいは、コンテンツを買い漁るIT企業、ヒット作で巨額のお金を手にしたクリエーター、文化を理解しない政治家であるかもしれません。

私たちは、模倣と創造を繰り返しながら、ここまで来ました。今後もこの営みは続きます。「著作権？　それってプロのもの。私に関係ない」という時代は完全に終わりました。今、「プロの、プロによる、プロのための著作権」に決別して、「みんなの著作権」と言えるようなルール変更やルール形成が必要なのだと思います。

あとがき――息をするようにコピーする時代に

生後間もない赤ちゃんをあやしたことはありませんか。私たちは大げさな表情で話し掛けたり、舌を出したりして、何とか笑顔を引きだそうとします。そしたら、何回かに一度、私たちを真似て、赤ちゃんが舌を出し、笑顔を見せるではありませんか。そうすると私たちはうれしくなって、また同じように舌を出したり、大げさに口を開けたりして、何とか笑い続けさせようとします。まわりのみんなが笑顔になります。この時、赤ん坊は学習しています、「模倣すれば良いことが起きる」と。

この記憶は私たちに刷り込まれ、本能のように私たちの行動の基礎を作っているようです。

模倣(コピー)とは嫌悪すべきものでなく、必要な行為だと私は思います。仲間内で、そこにいない共通の知人の真似をすると雰囲気が和むことを私たちは知っています(あまり品のよいことではないかもしれませんが)。飛躍するようですが、物真似タレントのコロッケさんの芸が受けるのは当然だと思います。

手のひらの上にあらゆる情報が集中する「スマートフォン時代」になりました。生活のすみずみに、写真やテキストをコピーする手段や装置が入り込んだことを意味します。極端な言い方をすると、まるで「息をするようにコピーする」時代が来ました。

本書では、そんな時代に知っておきたい「正しいコピペ」のあり方を考えました。

著作権ルールに基づいたコピペは悪いことではありません。本書をきっかけに「正しいコピペ」について知り、正しい模倣の作法を身につけてほしいです。同時に、「新しいものを作る」「課題を解決する」、そういう時に、自由に使える、つまり無料のパブリックドメイン(公共財)のコンテンツを「知識の玉手箱」「アイデアとヒントの宝庫」として活用してほしいと願います。

人類の共通遺産である「古典」を手に取ってください。パブリックドメインとなった東西の古典は太っ腹です。ことわざや格言と同じで、フリーライドを許します。使い倒してください。でも、リスペクトをお忘れなく。

第4章でみたように、「創造とは過去の作品の組み合わせ」であることが多いのです。インスピレーションを得る、つまり、何かひらめいたとしても、それは頭の中にあらかじめインプットされていたものが、フュージョン(融合)を起こすことに他なりません。「創造的である」には、先人の多様な知識、考え方に接することが近道かもしれません。

もしもあなたが、創造的でありたいと願い、今何か解決すべき課題に悩んでいるなら、ぜひ古典に当たってほしいです。必ずヒントがありますよ。

さて、本書を書いた今、私には2つ課題ができました。

1つ目は、コピーをそぎ落とした時に、自分に何が残るかです。本書で、私たちはコピーなしで生きていけないことを学びましたが、私たちのすべてがコピーでできているわけではありません。コピーで得られるものが「借り物」であるとすると、借り物をそぎ落としたときに、「私」の中に何が残るのか考えてみることも必要だと感じています。

2つ目は、「自分の五感で味わった経験」と「コンテンツで得た疑似体験」の差に敏感でいたいということです。スマホで得る経験とは「視覚」と「聴覚」に限られます。いくら携帯端末で、あらゆる種類のコンテンツが得られると言っても、人と話をしたり、山を歩いたり、街に出て人混みを感じたり、自然に触れたりすることは違った意味を持ちます。私たちは人工知能やヴァーチャルリアリティーが変える世界に目を向けがちです。においや肌で感じる世界があることを忘れないようにしたいです。体験はコピーできないのですから。

おしまいになりましたが、「コピペ時代を生きるための12カ条」を添えます。本書のエッセンスです。

コピペ時代を生きるための12カ条

1　コンテンツ(作品)を作る人は偉いと知ろう。
2　絵や音楽、小説などコンテンツを作るのは苦しい。コピーするのは簡単だ。しかし、フリーライド(ただ乗り)はいけない。
3　コンテンツを使うときは、作った人の許可を取る。
4　他人の顔や姿には「肖像権」がある。人を写真撮影する時は、要注意。

5　ソーシャルメディアに投稿する前にひと呼吸しよう。不正なコピペをしていないだろうか。
6　「似ている、似ていない」の議論は本当に重要かどうか、考えよう。
7　ネット時代、「どうせコピペはばれない」はない。必ずばれる。
8　アイデアは著作権の対象ではない。他人のアイデアにもっと耳を傾けよう。
9　パブリックドメインになった古典を活用しよう。著作権の心配はゼロ。しかもたいてい無料だ。
10　「コピー＝悪」は間違い。人間はコピーする動物だ。しかし、著作権ルールを守ろう。
11　コンテンツは大事だが、実体験も大事だ。体験はコピーできない。
12　著作権はみんなのもの。ルール形成、ルール修正、意見を出し合おう。

本書の出版に際して一言、岩波書店の山本慎一さんに感謝申し上げます。ありがとうございます。山本さんがいなければ、本書はこの世に現れませんでした。企画段階から「それ、いいですね」「おもしろい。行きましょう」と励ましてくださり、随所で適切なアドバイスを頂きました。表紙をデザインしてくださった株式会社カラーズの小林宙さんにも感謝します。内容にぴったりです。

スマホ時代、たいていの人がネットにつながるようになりました。本書は、学校や職場で、通学・通勤途上で、スマホやパソコンを使って、せっせと情報を受信し、発信している人をイメージしながら書きました。

学校で学んでいる生徒や学生さん、現場の先生方、会社で頑張っている皆さん、お店で仕事をしたり、家事の合間や病気療養中にソーシャルメディアを楽しんでいるあなた、この本が著作権に関する入門となれば、とてもうれしいです。そして「模倣と創造」についてヒントを発見してもらえればと願います。

2017年1月

宮武久佳

参考文献

岡本薫『著作権の考え方』(岩波新書、2003年)
岡本薫『小中学生のための初めて学ぶ著作権』(朝日学生新聞社、2011年)
加戸守行『著作権法逐条講義　六訂新版』(著作権情報センター、2013年)
中山信弘『著作権法　第2版』(有斐閣、2014年)
野口祐子『デジタル時代の著作権』(筑摩書房、2010年)
半田正夫『著作権法案内』(勁草書房、2014年)
福井健策『著作権の世紀』(集英社、2010年)
福井健策『18歳の著作権入門』(筑摩書房、2015年)
宮武久佳『知的財産と創造性』(みすず書房、2007年)
山田奨治『日本文化の模倣と創造 オリジナリティとは何か』(角川学芸出版、2002年)
一般社団法人コンピュータソフトウェア著作権協会『クリエイターのための著作権入門講座　改訂第2版』(マイナビ、2013年)
文化庁著作権課『著作権テキスト 初めて学ぶ人のために』はウェブサイトで簡単に閲覧、ダウンロードできます(無料)。毎年改訂されており、ハンドブック代わりに使えます。巻末に著作権法の全条文が掲載されているので便利です。

Kal Raustiala and Christopher Sprigman, *The Knockoff Economy: How Imitation Sparks Innovation*, Oxford University Press, 2012(邦訳版は『パクリ経済 コピーはイノベーションを刺激する』みすず書房、２０１５年)

William Patry, *How to Fix Copyright*, Oxford University Press, 2012

索　引

索　引

宮武久佳
1957年大阪市生まれ。共同通信社(記者・デスク。1984-2009年)、横浜国立大学教授(2009-12年)を経て、現在、東京理科大学教授。ハーバード大学ニーマンフェロー(Nieman Fellow、全額給費客員ジャーナリスト)、2002年FIFAワールドカップ日本組織委員会報道部長などを歴任。2010年より日本音楽著作権協会(JASRAC)理事。

国際基督教大学大学院(比較文化研究科)修了、一橋大学大学院(国際企業戦略研究科・知的財産戦略)修了、修士(経営法)。

専門は、知的財産論、文化資源とメディア、ジャーナリズム論。

著書に『知的財産と創造性』(みすず書房)、『「社会人教授」の大学論』(青土社)など。

正しいコピペのすすめ
——模倣、創造、著作権と私たち　岩波ジュニア新書 849

2017年3月22日　第1刷発行
2024年4月5日　第7刷発行

著　者　宮武久佳《みやたけひさよし》

発行者　坂本政謙

発行所　株式会社 岩波書店
〒101-8002 東京都千代田区一ツ橋 2-5-5
案内 03-5210-4000　営業部 03-5210-4111
ジュニア新書編集部 03-5210-4065
https://www.iwanami.co.jp/

組版　シーズ・プランニング
印刷・三陽社　カバー・精興社　製本・中永製本

ISBN 978-4-00-500849-0　Printed in Japan

岩波ジュニア新書の発足に際して

きみたち若い世代は人生の出発点に立っています。きみたちの未来は大きな可能性に満ち、陽春の日のようにひかり輝いています。勉学に体力づくりに、明るくはつらつとした日々を送っていることでしょう。

しかしながら、現代の社会は、また、さまざまな矛盾をはらんでいます。営々として築かれた人類の歴史のなかで、幾千億の先達《せんだつ》たちの英知と努力によって、未知が究明され、人類の進歩がもたらされ、大きく文化として蓄積されてきました。にもかかわらず現代は、核戦争による人類絶滅の危機、貧富の差をはじめとするさまざまな人間的不平等、社会と科学の発展が一方においてもたらした環境の破壊、エネルギーや食糧問題の不安等々、来るべき二十一世紀を前にして、解決を迫られているたくさんの大きな課題がひしめいています。現実の世界はきわめて厳しく、人類の平和と発展のためには、きみたちの新しい英知と真摯《しんし》な努力が切実に必要とされています。

きみたちの前途には、こうした人類の明日の運命が託されています。ですから、たとえば現在の学校で生じているささいな「学力」の差、あるいは家庭環境などによる条件の違いにとらわれて、自分の将来を見限ったりはしないでほしいと思います。個々人の能力とか才能は、いつどこで開花するか計り知れないものがありますし、努力と鍛錬の積み重ねの上にこそ切り開かれるものですから、簡単に可能性を放棄したり、容易に「現実」と妥協したりすることのないようにと願っています。

わたしたちは、これから人生を歩むきみたちが、生きることのほんとうの意味を問い、大きく明日をひらくことを心から期待して、ここに新たに岩波ジュニア新書を創刊します。現実に立ち向かうために必要とする知性、豊かな感性と想像力を、きみたちが自らのなかに育てるのに役立ててもらえるよう、すぐれた執筆者による適切な話題を、豊富な写真や挿絵とともに書き下ろしで提供します。若い世代の良き話し相手として、このシリーズを注目してください。わたしたちもまた、きみたちの明日に刮目《かつもく》しています。（一九七九年六月）

967 核のごみをどうするか ―もう一つの原発問題 今田高俊・寿楽浩太・中澤高師

原子力発電によって生じる「高レベル放射性廃棄物」をどのように処分すればよいのか。問題解決への道を探る。

968 扉をひらく哲学 ―人生の鍵は古典のなかにある 中島隆博・梶原三恵子・納富信留・吉水千鶴子 編著

親との関係、勉強する意味、本当の自分とは？……人生の疑問に、古今東西の書物をひもといて、11人の古典研究者が答えます。

969 在来植物の多様性がカギになる ―日本らしい自然を守りたい 根本正之

日本らしい自然を守るにはどうしたらいい？ 在来植物を保全する方法は？ 自身の保全活動をふまえ、今後を展望する。

970 知りたい気持ちに火をつけろ！ ―探究学習は学校図書館におまかせ 木下通子

レポートの資料を探す、データベースで情報検索する……、授業と連携する学校図書館の活用法を紹介します。

971 世界が広がる英文読解 田中健一

英文法は、新しい世界への入り口です。楽しく読む基礎とコツ、教えます。英語力不問、この1冊からはじめよう！

972 都市のくらしと野生動物の未来 高槻成紀

野生動物の本当の姿や生き物同士のつながりを知る機会が減った今。正しく知ることの大切さを、ベテラン生態学者が語ります。

973 ボクの故郷は戦場になった
――樺太の戦争、そしてウクライナへ
重延　浩
1945年8月、ソ連軍が侵攻を開始し、のどかで美しい島は戦場と化した。少年が見た戦争とはどのようなものだったのか。

974 源氏物語入門
高木和子
日本の古典の代表か、色好みの男の恋愛遍歴か。『源氏物語』って、一体何が面白いの？　千年生きる物語の魅力へようこそ。

975 「よく見る人」と「よく聴く人」
――共生のためのコミュニケーション手法
広瀬浩二郎
相良啓子
目が見えない研究者と耳が聞こえない研究者が、互いの違いを越えてわかり合うためコミュニケーションの可能性を考える。

976 平安のステキな！女性作家たち
川村裕子
早川圭子絵
紫式部、清少納言、和泉式部、道綱母、孝標女。作品の執筆背景や作家同士の関係も解説。ハートを感じる！王朝文学入門書。

977 国連で働く
――世界を支える仕事
植木安弘編著
平和構築や開発支援の活動に長く携わってきた10名が、自らの経験をたどりながら国連の仕事について語ります。

978 農はいのちをつなぐ
宇根　豊
生きものの「いのち」と私たちの「いのち」はつながっている。それを支える「農」とは何かを、いのちが集う田んぼで考える。